LES

CONDITIONS DU TRAVAIL

DANS LE ROYAUME-UNI

DE GRANDE-BRETAGNE ET D'IRLANDE

LE RECUEIL DE RAPPORTS

SUR

LES CONDITIONS DU TRAVAIL

COMPREND LES PAYS SUIVANTS

ALLEMAGNE.	ITALIE.
AUTRICHE-HONGRIE.	PAYS-BAS.
BELGIQUE.	PORTUGAL.
DANEMARK.	RUSSIE.
ESPAGNE.	SUÈDE ET NORVÈGE.
ÉTATS-UNIS.	SUISSE.
GRANDE-BRETAGNE.	

LES
CONDITIONS DU TRAVAIL

DANS LE ROYAUME-UNI

DE GRANDE-BRETAGNE ET D'IRLANDE

RAPPORT

ADRESSÉ AU MINISTRE DES AFFAIRES ÉTRANGÈRES

Par M. Léo CAUBET

CONSUL GÉNÉRAL DE FRANCE A LONDRES

BERGER-LEVRAULT ET Cie, ÉDITEURS

PARIS	NANCY
5, RUE DES BEAUX-ARTS	18, RUE DES GLACIS

1891

LES
CONDITIONS DU TRAVAIL

DANS LE ROYAUME-UNI

DE GRANDE-BRETAGNE ET D'IRLANDE

REVUE SOMMAIRE

DE LA LÉGISLATION ANGLAISE CONCERNANT LES OUVRIERS

En cette matière, la tendance a été de rapporter toutes les lois anciennes, rentrant dans la catégorie de celles qui sont désignées en Angleterre sous le nom de « législation de classe ». Au lieu d'être spéciales à la classe ouvrière, les lois nouvelles, ont autant que possible, un caractère général.

I. *Lois abrogées*. — Les lois anciennes dites « Combination laws » (lois sur les coalitions) ont été rapportées en 1824 et 1825. Pendant le cours de cette dernière année, un statut nouveau fut voté, mais il a été remplacé, de même que d'autres dispositions légales, par l'acte des 34ᵉ et 35ᵉ années du règne de la Reine Victoria (1871), chapitre 32.

L'ancienne loi « Master and servants act », qui réglait les relations entre maîtres et ouvriers et à laquelle avait été temporairement substitué l'acte 30 et 31 Victoria c. 141 (1867), a été remplacée par deux lois votées l'une et l'autre en 1875, le « Employers and workmen act » et le « Conspiracy and protection of property act » (38 et 39 Victoria c. 90 et 86).

Une autre série de lois spéciales concernant les ouvriers a été remplacée par le « Master and servant act » 52 et 53 Victoria c. 24 (1889). Aucune des dispositions anciennes ne reparaît dans la nouvelle loi.

II. *Législation actuelle.* — On peut dire aujourd'hui qu'il n'existe plus dans la législation britannique de dispositions qui soient défavorables à l'ouvrier. Les lois que l'on appelait « disabling laws » (lois frappant d'incapacité), ont disparu à presque tous les points de vue, et la classe ouvrière a acquis la plus grande liberté d'association. La législation ancienne, dont le caractère était des plus restrictifs, a fait place à des lois libérales que l'on désigne actuellement sous le nom de « Enabling laws » (lois de capacité), et parmi lesquelles il faut citer en première ligne :

La loi sur les unions de métiers (« Trade Union act ») 34 et 35 Victoria c. 31 (1871), et la loi complémentaire 39 et 40 Victoria c. 22 (1876), qui ont reconnu les « Trades Unions » comme associations légales et établi la protection accordée aux fonds qu'elles possèdent.

On doit mentionner également, pour compléter la nomenclature des principales lois concernant l'ouvrier :

1° La loi concernant les litiges entre patrons et ouvriers (« Employers and workmen act ») 38 et 39 Victoria c. 90 (1875) : à dater de cet acte et sauf dans les cas exceptionnels prévus par l'autre loi de 1875 citée ci-dessus, l'inexécution d'un contrat de service a cessé de pouvoir être considérée comme constituant un délit ; des dommages-intérêts peuvent être alloués, mais aucune peine ne peut être prononcée.

2° Les « Attachment of wages acts » 34 et 35 Victoria c. 30 et 63 (1871), dont le but est de protéger les salaires des ouvriers.

3° Les lois dites « Truck acts », destinées à assurer le paiement des salaires en monnaie courante du royaume : 1 et 2 Guillaume IV c. 37 (1831) ; 37 et 38 Victoria c. 48 (1874) ; pénalités, 47 et 48 Victoria c. 43 § 4 (1884) ; 50 et 51 Victoria c. 46 (1887).

4° L'acte 47 et 48 Victoria c. 31 (1884), qui interdit le paiement des salaires dans les cabarets (« public houses »).

5° Le « Friendly societies act » (sociétés de secours mutuels) 38 et 39 Victoria c. 60 (1875), amendé par un acte qui prescrit l'évaluation quinquennale de *l'actif* et du *passif* desdites sociétés.

6° Les lois relatives aux sociétés de construction (« Building societies ») : 37 et 38 Victoria c. 42 (1874) ; 38 et 39 Victoria c. 9 (1875) ; 38 et 39 Victoria c. 60, § 10 (1875) ; 40 et 41 Victoria c. 63 (1877) ; 47 et 48 Victoria c. 41 (1884).

7° Les lois concernant les sociétés coopératives ou de prévoyance : 39 et 40 Victoria c. 45 (1876) ; 43 Victoria c. 14 (1880) ; 46 et 47 Victoria c. 47 (1883) ; 47 et 48 Victoria c. 43, § 4 (1884).

8° L'acte destiné à refondre et amender les lois relatives aux Banques d'épargne (« Trustee savings Banks ») 26 et 27 Victoria c. 87 (1863). Cet acte se substitue à tous ceux qui avaient été faits antérieurement sur le même sujet.

9° Le « Post office savings Banks act » (Banques postales d'épargne) 24 Victoria c. 14 (1861), modifié par l'acte 26 Victoria c. 14 (1863).

10° La loi qui coordonne la législation sur les fabriques et ateliers (« Factories and workshops ») 41 et 42 Victoria c. 16 (1878) ; elle a été amendée et étendue quant aux fabriques de blanc de céruse et aux boulangeries, par le statut 46 et 47 Victoria c. 53 (1883), dont les dispositions ont été elles-mêmes amendées en 1884 par l'acte 47 et 48 Victoria c. 43, § 4, en ce qui concerne l'application de la loi, son exécution. La loi de 1878 a été modifiée par l'acte 51 et 52 Victoria c. 22 (1888), en ce qui concerne l'Écosse, ainsi que par le « Cotton cloth factories act » 25 et 53 Victoria c. 62 (1889).

Les heures de travail (enfants et jeunes gens) dans les

boutiques sont réglementées par l'acte 49 et 50 Victoria c. 55 (1886).

11° La loi relative au travail dans les mines de charbon, 50 et 51 Victoria c. 58 (1887), et celle concernant les mines d'étain, 50 et 51 Victoria c. 43 (1887) ; cette dernière est relative aux mines de Cornouailles et du Devonshire.

12° La loi consolidant et amendant les actes relatifs à la santé publique en Angleterre (38 et 39 Victoria c. 55).

13° Pour les précautions contre les accidents, voir :

La loi relative à l'explosion des chaudières, 44 et 45 Victoria c. 22 (1882) ; celle pour la clôture des carrières, 50 et 51 Victoria c. 19 (1887).

14° La loi sur la responsabilité des patrons (« Employers liability act ») 40 et 42 Victoria c. 42 (1880). Le principe de cet acte se trouve dans l'acte 9 et 10 Victoria c. 93 (1846).

15° La loi concernant l'arbitrage entre patrons et ouvriers, 35 et 36 Victoria c. 46 (1872).

NOMBRE DES FABRIQUES ET ATELIERS,
DES PATRONS ET OUVRIERS

Le chiffre de la population ouvrière dans le Royaume-Uni, y compris les travailleurs des champs, s'élève à environ 26,000,000 (5,600,000 familles), soit à peu près soixante-dix pour cent de la population totale.

Il serait très difficile, pour ne pas dire impossible, de donner d'une manière exacte le nombre des ouvriers par rapport à celui des patrons, car il n'existe point de statistique ou de rapport officiel à ce sujet. La comparaison la plus complète a été établie dans certains ouvrages, entre autres dans le travail du professeur Leone Levi sur les salaires des classes ouvrières.

Le nombre total des mines de charbon actuellement en exploitation est de 3,389 ; le nombre total des ouvriers employés dans ces mines est de 563,735. Mais la plupart de ces mines appartiennent à plusieurs propriétaires ou à des compagnies.

Le nombre exact des mines métalliques n'a pas été relevé ; quant à celui des ouvriers employés dans ces mines, il est évalué à 43,420.

Si l'on consulte la dernière statistique, de l'année 1885, on trouve que, à cette époque, le nombre total des fabriques de textiles dans le Royaume-Uni était de 7,465 et que le nombre des ouvriers employés dans ces fabriques s'élevait au chiffre de 1,034,261, dont 405,013 hommes et 629,248 femmes.

CONDITION DE L'OUVRIER

AU POINT DE VUE SOCIAL, POLITIQUE ET ÉCONOMIQUE

Dans les études de cette nature, on prend assez généralement, en Angleterre, pour terme de comparaison, la date de 1832, qui fait époque dans l'histoire de la législation de ce pays.

On peut dire que antérieurement à 1832, la classe ouvrière n'avait aucune situation politique et n'était virtuellement pas représentée.

En 1832, le « Reform act » étendit le droit d'élection (« franchise ») aux classes moyennes. De nouveaux progrès furent faits en 1867 et en 1884.

Aujourd'hui, le « Household suffrage » est en vigueur, c'est-à-dire que le droit de vote appartient à quiconque habite une maison entière d'un revenu annuel de 250 fr. ; il appartient également à quiconque occupe un appartement d'au moins 250 fr. de loyer (soit un peu moins de 5 fr. par semaine). La classe ouvrière peut donc exercer par ses suffrages une action sur le gouvernement du pays ; à la Chambre des communes, ses représentants directs, actuellement au nombre de dix, ont contribué, par leur énergie et leur activité, à faire rapporter les lois qui étaient contraires à ses intérêts, et l'on peut dire qu'elle apprend de jour en jour à faire un meilleur usage des moyens d'action que l'on a mis entre ses mains.

Socialement parlant, la classe ouvrière a fait de très grands progrès ; l'amélioration qui s'est produite dans les conditions de son existence ne peut être appréciée que si l'on parcourt le rapport de la commission royale de 1839-1843. A cette époque, la misère était parfois très grande, le crime fréquent, le mécontentement était profond.

Le rapport relate que l'on voyait dans les mines, des enfants de quatre ans attelés à une « cowe » (mesure de charbon de $\frac{1}{6}$ de tonne anglaise) pour transporter le charbon à l'ouverture de la mine. A partir de l'âge de 5 ou 6 ans, les enfants étaient généralement employés dans les fabriques et ateliers pendant 12, 14 et 16 heures par jour. Aujourd'hui, il est généralement interdit aux enfants de travailler avant l'âge de 10 ou 12 ans.

Les femmes et les filles travaillaient à peine vêtues côte à côte avec les hommes, dans les mines. Il n'est plus permis maintenant de les faire travailler sous terre.

La législation actuelle n'est pas intervenue directement dans la question du travail des adultes. Mais les dispositions protectrices des lois relatives aux accidents, aux conditions sanitaires dans les fabriques, au travail des femmes et des enfants, ont profité aux adultes du sexe masculin, dans toutes les branches de l'industrie.

Autrefois la législation anglaise interdisait les associations de travailleurs. Mais, comme on l'a vu ci-dessus, ces lois restrictives ont été rapportées en 1824 et 1825, en 1867 et en 1875.

En se servant des droits qui leur étaient accordés, les « Trades Unions » ont mis les ouvriers en mesure de réduire les heures de travail et d'obtenir des salaires plus élevés, dans toutes les industries. L'augmentation des salaires et la réduction des heures de travail pendant les 30 dernières années sont constatées dans le rapport adressé en 1889 au ministère du commerce par le « Correspondant du travail ».

En résumé, la classe ouvrière est mieux nourrie, mieux instruite que par le passé. Les banques d'épargne, les sociétés de secours mutuels, les « Trades Unions » (associations ou unions de métiers), les sociétés coopératives font foi des progrès qui ont été accomplis.

CONCURRENCE FAITE AUX OUVRIERS ANGLAIS

PAR LES OUVRIERS IMMIGRANTS ÉTRANGERS

L'immigration des ouvriers étrangers s'est fait sentir en Angleterre parmi les tailleurs et cordonniers et les ouvriers employés dans l'ameublement. On remarque qu'un grand nombre des ouvriers venant de l'étranger sont des juifs.

C'est principalement à Londres que la présence des ouvriers ou employés étrangers peut avoir une influence appréciable sur la distribution du travail. Dans l'Est, l'Ouest et le Centre-Ouest de Londres il y a un grand nombre d'étrangers employés dans les hôtels, restaurants et cafés ; ce sont surtout des Français, des Italiens et des Allemands. Beaucoup d'Italiens travaillent dans les ateliers de moulage et de modelage. Les Allemands sont nombreux dans les maisons de commerce, ainsi que dans les raffineries de sucre. On rencontre des Norvégiens dans les maisons d'armement ; des Suisses dans le commerce de l'horlogerie.

En somme, la concurrence faite par les ouvriers étrangers aux ouvriers anglais ne peut pas être de nature à léser ces derniers d'une manière sérieuse. Les étrangers viennent, sans doute, remplir des emplois, faire certains ouvrages pour lesquels les ouvriers ou employés du pays n'ont pas une aptitude naturelle. Il semble régner entre ouvriers étrangers et nationaux une très bonne entente. On ne voit pas de rixes se produire dans les quartiers populeux où les artisans étrangers sont en grand nombre, à Clerkenwell par exemple.

SOCIÉTES DE SECOURS MUTUELS

(« FRIENDLY SOCIETIES »)

Les « Friendly societies » en Angleterre ne sont pas seulement des sociétés de secours mutuels, mais des associations dont le but est d'appeler les classes ouvrières à la pratique de l'esprit de justice et de solidarité entre tous leurs membres. Étudier l'historique de ces sociétés, c'est suivre les progrès des travailleurs, c'est constater que c'est au sein de ces associations que le peuple anglais a acquis ce sens pratique des affaires, ce respect de la règle qui le caractérisent.

Les « Friendly societies » ne comptent pas moins de 32,000 groupes autonomes dans le Royaume-Uni ; elles peuvent être subdivisées en quatre grandes catégories : 1° les ordres « affiliés » dont l'action s'étend au pays tout entier, y compris les colonies ; 2° les associations professionnelles ayant adopté le principe fédératif ou non ; 3° les associations provinciales dont l'action s'étend à un ou plusieurs comtés, parmi lesquelles il faut placer les « Burial societies » (sociétés d'enterrement) ; enfin, 4° les associations purement locales des villes et des campagnes.

I. — Les « *ordres affiliés* », vastes agglomérations divisées en un nombre de groupes indéterminé sont, de toutes les sociétés de secours mutuels du Royaume-Uni, les plus populaires. Plusieurs prétendent remonter à la plus haute antiquité sans qu'il leur soit possible cependant de retracer leur origine d'une façon certaine au delà des premières années du xviie siècle. Les ordres affiliés, dont les adhérents se traitent entre eux de frères, sont encore désignés quelquefois sous le nom de sociétés secrètes, parce que à l'époque où toute association de secours mutuels était légalement interdite, ils furent amenés à adopter certains signes et mots de passe qu'ils ont conservés jusqu'à aujourd'hui, par souvenir du passé et esprit de tradition.

La constitution des ordres affiliés est toute hiérarchique, calquée sur celle de la franc-maçonnerie, à laquelle ils ont emprunté une partie de ses rites et de ses initiations. Ils ont un grand maître de l'ordre, nommé par l'assemblée générale annuelle des délégués des loges. Ce grand maître est assisté d'un comité central dirigeant, puis viennent les chefs de loges de district et de loges locales. Cependant, en ce qui touche ses propres affaires, l'autonomie de chaque groupe est complète. Ces groupes sont dirigés sous des noms différents suivant l'ordre auquel ils appartiennent. Les « Odd fellows » ont leurs loges ; les « Foresters », leurs cours ; les « Anciens bergers », leurs sanctuaires ; les « Rechabites », leurs tentes ; les « Anciens Romains », leurs sénats ; l' « Union de Bolton », ses archiprêtres, etc.

Les deux ordres affiliés de beaucoup les plus considérables sont ceux des « Odd fellows » et des « Foresters ». Bien que d'une origine très ancienne, on ne retrouve de traces certaines de l'existence du premier de ces ordres qu'en 1812, époque à laquelle la grande loge fut créée à Manchester par un ouvrier marbrier. La seule ambition des « Odd fellows », est-il dit dans la préface du rapport de cette association, est de se surpasser les uns les autres en bonnes œuvres, visiter les malades, consoler l'affligé, secourir la veuve et l'orphelin, inspirer à l'homme le sentiment de sa dignité et de son indépendance.

On ne peut entrer dans la Société des « Odd fellows » que de 16 à 45 ans. Quelle que soit la profession, la cotisation est la même, mais varie selon les âges et les sommes assurées. Elle donne droit à certains secours temporaires en cas de maladie, de blessure ou d'infirmité, et à une somme déterminée pour faire face aux frais funéraires du sociétaire ou de sa femme. L'importance des primes est fixée d'après une observation, de plus de cinquante années, des cas de maladie et de mort survenus parmi les adhérents de cette importante association.

Tout sociétaire peut assurer : 1° un secours ne dépassant pas 25 fr. par semaine en cas de maladie ou d'accident ; 2° une somme de 2,500 fr. maximum à sa mort ; 3° une somme de 250 fr. à la mort de sa femme.

Les droits d'entrée sont de :

<pre>
 6ᶠ25 de 16 à 24 ans,
 9 35 de 24 à 27 —
12 50 de 27 à 30 —
18 75 de 30 à 32 —
25 00 de 32 à 45 —
</pre>

Voici, quant aux sommes assurées dans les divers cas, quelques-unes des primes mensuelles exigées. Un paiement par mois lunaire (13 par an) de 2 fr. 29 c. assure à un sociétaire âgé de 20 ans : en cas de maladie, 15 fr. par semaine pendant un an et 7 fr. 50 c. jusqu'à rétablissement complet ; à la mort du sociétaire, une somme de 300 fr., à celle de sa femme 150 fr. A 40 ans, les mêmes avantages seraient assurés par un paiement mensuel de 4 fr. 06 c. Les combinaisons sont d'ailleurs très variées. Ainsi, au cas où le secours hebdomadaire en cas d'incapacité de travail ne devrait être payé en entier que pendant six mois de maladie, et par moitié jusqu'au rétablissement, la prime ne serait que de 2 fr. 08 c. pour le sociétaire voulant assurer 15 fr. par semaine. Elle ne serait plus que de 1 fr. 87 c. par mois lunaire si le secours devait être payé en entier pendant 6 mois, par moitié pendant le second semestre et par quart seulement jusqu'à complet rétablissement.

Les primes de l'assurance pour une somme de 500 fr. à la mort sont : à 20 ans, de 0 fr. 57 c. par mois lunaire ; à 30 ans, de 0 fr. 75 c. à 40 ans, de 1 fr. 04 c.

Tout membre qui, sans y être autorisé, a cessé depuis un

an de payer ses contributions, perd tout droit aux assurances contractées et est exclu de l'ordre. S'il y rentre ensuite, c'est aux mêmes conditions que les nouveaux adhérents.

Le sociétaire appelé à se déplacer appartient de droit à la loge de la localité où il se rend et peut continuer à y effectuer ses versements. Des « travelling cards » sont délivrées aux membres qui voyagent à la recherche d'un emploi. Elles leur donnent droit à un secours près de chaque loge de district, les exemptent du paiement de leur cotisation et sont valables pour six mois. Lorsque l'ouvrier qui en est porteur a trouvé du travail, il doit déposer cette carte dans la loge la plus rapprochée de la localité où il se trouve.

L'ordre des « Odd fellows » est administré par un comité élu par l'assemblée générale des délégués des loges qui a lieu chaque année le lundi de la Pentecôte. Cette assemblée ne se réunit pas deux fois de suite dans la même ville. L'ordre comptait, au 1er janvier 1887, 518,007 sociétaires. Il avait 3,306 loges, dont 530 dans les colonies. Les recettes pour l'année 1886 avaient été de 23,523,625 fr., ses dépenses de 18,992,650 fr. Il restait en caisse, au 1er janvier 1887, 134,177,025 fr.

Après les « Odd fellows » vient, comme importance, l'ordre ancien des « Foresters » dont l'origine remonte à 1745.

Il est administré par un conseil exécutif composé des huit plus hauts dignitaires assistés de quatre « trustees », du secrétaire et du « parliamentary agent ». Ce conseil est présidé par le grand maître, et siège dans la localité où s'est tenue la dernière haute cour ou assemblée des délégués des loges. La haute cour se réunit le premier lundi du mois d'août, mais, de même que l'assemblée des « Odd fellows », jamais deux fois dans la même ville.

L'ordre des Forestiers, est-il dit dans ses statuts, a été fondé « dans un but d'assistance mutuelle dans les circons-« tances difficiles de la vie : sans l'aide de nos frères le mal-« heur et la misère pourraient séjourner indéfiniment dans « nos foyers. Voilà pourquoi nous avons fait le serment so-« lennel de nous entr'aider..., etc. »

Les assurances chez les Forestiers ne peuvent dépasser, en cas de maladie, 17 fr. 50 c. par semaine et, en cas de mort, la somme de 5,000 fr. Des secours sont accordés également aux sociétaires sans travail.

On est reçu Forestier de 18 à 40 ans. Les droits d'entrée sont :

De 18 à 25 ans, de.	6ᶠ25
De 25 à 30 — de.	9 35
De 30 à 35 — de.	12 50
De 35 à 40 — de.	15 60

Pour donner un aperçu des primes, prenons des exemples analogues à ceux cités pour les « Odd fellows ». Pour un sociétaire âgé de vingt ans, un paiement par mois lunaire de 2 fr. 08 c. assure en cas de maladie: 15 fr. par semaine pendant un an; 7 fr. 50 c. pour la 2ᵉ année; 3 fr. 75 c. jusqu'au rétablissement; en cas de mort du sociétaire 300 fr. et, en cas de mort de sa femme, 150 fr. A 39 ans, les mêmes avantages seraient assurés moyennant une prime mensuelle de 3 fr. 33 c. Si, dans le premier cas, les secours hebdomadaires devaient être de 15 fr. pendant la première année, et de 7 fr. 50 c. jusqu'au rétablissement, la prime serait de 2 fr. 23 c.; dans le second cas elle serait de 3 fr. 85 c. Enfin si le secours hebdomadaire devait être de 15 fr. pendant le premier semestre, 7 fr. 50 c. pendant le second, 3 fr. 75 c. jusqu'au complet rétablissement, les primes seraient respectivement à 20 ans de 1 fr. 87 c. et à 39 ans de 3 fr. 12 c.

L'ordre des Forestiers avait, au 1ᵉʳ janvier 1887, 3,538 loges dans le Royaume-Uni et 506 dans les colonies.

Ses progrès ont été moins rapides que ceux des « Odd fellows ». Il ne comptait que 80,490 membres en 1849, mais au 1ᵉʳ janvier 1887 il en avait 540,167. A cette association se rattache l'ordre ancien des « shepherds » (bergers), auquel on ne peut appartenir qu'autant que l'on fait déjà partie de la société mère. Il s'administre séparément. Il comptait, au 1ᵉʳ janvier 1887, 389 loges ou sanctuaires et 21,756 sociétaires.

Les deux associations dont il vient d'être question sont les plus importantes et jouissent d'un très grand prestige auprès de la classe ouvrière. Les personnes appartenant à la petite bourgeoisie s'y font recevoir comme sociétaires participants et les hommes les plus influents du pays en deviennent membres honoraires; des lords, des députés, des membres du clergé en font partie, sans qu'il leur soit donné de prendre aucune part à l'administration ni d'être élus à aucune fonction.

En dehors de ces deux ordres principaux, il existe près de 100 affiliations ayant une constitution presque analogue et un but identique. Les « Druides », les « Odd fellows » de Nottingham, l'ordre des « Free Gardeners », l'ordre des « Rechabites » de Salford comptent parmi les plus considérables.

D'après la statistique, il y a 4 millions et demi d'individus directement intéressés dans les « Friendly societies » et environ 13 millions intéressés indirectement (femmes, enfants et candidats). Les secours distribués annuellement s'élèvent à plus de £ 2,000,000 (50,000,000 fr.) et le capital à plus de £ 20,000,000 (500,000,000 fr.).

L'enregistrement des « Friendly societies » est facultatif; on peut évaluer à 12,000 environ le nombre de ces associations qui ne sont pas enregistrées et qui par conséquent ne déposent pas leur rapport.

Il n'existe pour ainsi dire pas une seule « Friendly society » à laquelle ne se rattache quelque association juvénile, sorte d'école primaire de l'épargne, avant l'époque où le jeune homme pourra devenir un membre actif de l'ordre.

C'est dans l'Angleterre proprement dite et le pays de Galles qu'on trouve la grande majorité des adhérents aux « ordres affiliés ». L'Écosse et l'Irlande ne fournissent qu'un contingent relativement peu considérable. Les colonies donnent une proportion assez élevée, comme il a été dit plus haut. — Les « Odd fellows » de Nottingham ont une loge à Calais.

Tout découle dans ces associations du principe d'élection. Les grands maîtres ne sont généralement élus que pour une année, mais ils demeurent une année de plus dans le conseil central comme assistants grands maîtres.

Une particularité intéressante de leur organisation est l'institution de tribunaux d'arbitres chargés de juger les différends survenus entre sociétaires. Toutes les disputes sont réglées par eux en séance solennelle de loge. L'élection des arbitres a lieu chaque année, dans les loges simples et dans les loges de districts, les arbitres choisis par ces dernières formant une sorte de cour d'appel. Les « Friendly societies » les plus importantes ont chacune un organe spécial pour la défense de leurs idées. Ainsi les « Odd fellows » et les « Foresters » ont chacun une revue trimestrielle très volumineuse et bien rédigée.

Parmi les associations de secours dont l'action s'étend à tout le Royaume-Uni, il en existe un certain nombre qui diffèrent des « ordres affiliés », les unes en ce que leurs adhérents ne se subdivisent point en groupes autonomes, se réunissant périodiquement, les autres, en ce qu'elles n'admettent dans leur sein, tout en étant organisées fédérativement, que des ouvriers appartenant à une même profession.

Les premières sont administrées par des conseils élus dans les assemblées générales tenues à Londres ; mais ces assemblées étant peu nombreuses et composées presque exclusivement de sociétaires résidant dans la capitale, il est assez rare que la direction change de mains. On rencontre surtout dans ces sociétés ceux qui, tout en voulant s'assurer contre les accidents et la maladie, n'aiment point assister à des réunions fréquentes et s'occuper eux-mêmes de la marche d'une société. Ils préfèrent s'en rapporter à un conseil d'administration.

On compte environ une centaine de sociétés de ce genre, au nombre desquelles viennent, en première ligne, l'association des « Cœurs de chêne » (Hearts of oak) et celle du « Royal standard ». Ces deux associations n'ont pas de lieu de réunion en dehors du siège social et pas d'agents collecteurs. Il en est, d'ailleurs, généralement de même pour toutes les Sociétés de même nature. Les membres qui habitent hors de Londres et qui ne veulent pas se déranger envoient leur contribution par la poste et reçoivent de même, en cas de maladie, les secours auxquels ils ont droit. Il résulte de cette manière de faire que les frais d'administration sont beaucoup plus réduits que dans les « ordres affiliés » et les autres institutions qu'il reste à examiner.

Pour faire partie de la Société des « Hearts of oak », il faut gagner un salaire d'au moins trente francs par semaine, être âgé d'au moins 18 ans et de 30 ans au plus et n'exercer aucun métier dangereux ou malsain. Chaque sociétaire paie à son entrée un droit fixe de 3 fr. 10 c. La prime est uniforme pour tous, elle est de 8 fr. 75 c. par trimestre, mais chacun doit payer en outre sa part proportionnelle des assurances spéciales et des secours accordés aux femmes en couches. La contribution totale trimestrielle se trouve ainsi portée à 12 fr. 50 c. environ. Elle donne droit, en cas de maladie :

Après 1 mois de sociétariat, à.	3ᶠ10	par semaine.
— 3 — — à.	7 50	—
— 6 — — à.	11 25	—
— 9 — — à.	15 00	—
— 12 — — à.	22 50	—

Les secours sont payés en entier pendant 26 semaines et par moitié pour les 26 semaines suivantes. Si ce laps de temps écoulé, la maladie continue, le sociétaire est mis à la retraite et reçoit :

S'il a fait partie de la société 6 ans	2ᶠ50	par semaine.
— 6 à 8 ans. . .	3 75	—
— 8 et au-dessus.	5 00	—

Un membre mis ainsi à la retraite est libre de se livrer à tout travail que sa situation lui permet, mais si son salaire vient à dépasser 15 fr. par semaine, les secours cessent.

A la mort d'un membre il est versé à sa femme ou à ses héritiers :

Après 6 mois de sociétariat	150 fr.
— 9 — —	225
— 12 — —	500

Si c'est la femme qui meurt la première, le sociétaire reçoit :

Après 6 mois de sociétariat.	75ʳ00
— 9 — —	112 50
— 12 — . —	250 00

Le membre retraité depuis plus de 2 ans n'a droit, en cas de mort, qu'à 250 fr., et, en cas de mort de sa femme, à 125 fr. Tout membre qui aurait touché l'assurance de sa première femme et qui se remarie, ne peut recevoir une seconde assurance que 3 ans après le nouveau mariage. Il doit en outre, lors du second mariage, payer un droit d'enregistrement de 26 fr. 25 c. Enfin, tout sociétaire a droit, à la naissance d'un enfant, à un secours de 37 fr. 50 c. ; en cas d'appel dans la milice, à 125 fr. et, en cas de perte de ses instruments de travail par le feu, à une somme maximum de 375 fr.

La Société des « Hearts of oak » est l'une des mieux administrées et ses membres sont animés du meilleur esprit.

La limite d'âge pour la « Royal standard » est de 35 ans. Le salaire du postulant doit s'élever à 35 fr. au moins par semaine et la profession ne doit être ni dangereuse ni malsaine. La souscription totale trimestrielle est de 14 fr. 25 c. Elle assure, en cas de maladie, suivant que le sociétaire fait partie de l'association depuis 3, 6, 9 mois ou un an, une somme hebdomadaire variant de 3 fr. 10 c. à 26 fr. 25 c. pendant les 26 premières semaines, et par moitié pour les 26 semaines suivantes. Le malade est ensuite placé à la retraite et ne reçoit plus que 2 fr. 50 c. à 10 fr. par semaine. Un pensionnaire admis dans un établissement de charité n'a plus droit qu'à la moitié seulement de la retraite. La somme payée à la mort varie de 50 à 500 fr. pour le sociétaire, et de 25 à 250 fr. pour la femme. Les instruments de travail sont assurés pour 375 fr., chiffre maximum, et une somme de 50 fr. est allouée à chaque membre à la naissance d'un enfant.

II. — Quant aux *associations professionnelles*, elles ne sont pas très nombreuses, l'ouvrier préférant en général les grands ordres affiliés où il se trouve complètement indépendant de toute ingérence de la part des patrons. Néanmoins on en rencontre d'assez importantes, telles que la « Société fraternelle des mécaniciens et chauffeurs des chemins de fer ».

Fondée en 1839 à Birmingham, elle admet des sociétaires honoraires moyennant une souscription annuelle de 12 fr. 50 c. ou un seul versement d'au moins 125 fr.

Le comité central dirigeant est élu par l'assemblée des délégués de groupes. Chacun de ces groupes est autonome, mais il doit se soumettre au règlement général. Il est constitué, à l'aide de souscriptions et donations, trois fonds distincts : 1° un fonds général de secours et d'assurances sur la vie ; 2° un fonds de retraite ; 3° un fonds de frais généraux.

En dehors des droits d'admission, les souscriptions bimensuelles sont, selon les âges, de 1 fr., 1 fr. 10 c., 1 fr. 25 c. et 1 fr. 45 c. au fonds de secours ; de 0 fr. 20 c. au fonds de frais généraux, et de 1 fr. 25 c. au fonds de retraite. Le sociétaire reçoit, en cas de maladie, 12 fr. 50 c. par semaine pendant un an ; en cas de maladie chronique, pour les années suivantes et pour la vieillesse, 6 fr. 25 c. par semaine ; à la mort du membre, de 250 à 450 fr. ; à la mort de la femme, 125 fr. Chacun des groupes administre lui-même son fonds général de secours ; s'il devient insuffisant, un appel général a lieu. Les sociétaires sans travail ont droit après six mois de sociétariat, à un secours de 10 fr. par semaine, mais des secours ne peuvent être réclamés, de ce chef, qu'après un an d'intervalle.

Les associations de secours des ouvriers et employés de chemins de fer sont toutes établies sur les mêmes bases ; il suffira d'en examiner une seule, celle du chemin de fer du Midland dont le siège est à Derby.

Fondée en 1859, elle ne reçoit que les ouvriers et employés âgés de 16 ans au moins et 35 ans au plus. Il faut gagner un salaire minimum de 15 fr. par semaine pour en faire partie et produire un certificat de santé.

En dehors du droit d'admission qui varie entre 1 fr. 25 c.
et 25 fr. selon l'âge, les cotisations hebdomadaires sont de

<pre>
0'70 de 16 à 25 ans,
0 80 de 25 à 28 —
0 90 de 28 à 31 —
1 00 de 31 à 35 —
</pre>

Elles assurent les soins médicaux et pharmaceutiques et
15 fr. par semaine pendant les six premiers mois, 7 fr. 50 c.
par semaine jusqu'au rétablissement complet. Si la maladie
était le résultat d'un accident survenu en exercice de fonctions, le secours alloué après les premiers six mois serait de
9 fr. 25 c. par semaine, au lieu de 7 fr. 50 c.

Un membre ayant quitté le service de la compagnie, mais
faisant toujours partie de la société, reçoit 12 fr. 50 c. par
semaine pendant les six premiers mois et 6 fr. 25 c. par
semaine jusqu'à guérison complète. Aucun secours n'est
accordé si la compagnie continue de payer les salaires du
sociétaire malade. Tout membre âgé de 65 ans et qui n'a
pas cessé jusque-là d'être au service de la compagnie, a droit
à une retraite de 7 fr. 50 c. par semaine. Il est en même
temps exonéré du paiement des contributions et conserve le
droit au service médical et pharmaceutique. Enfin, la somme
allouée à la mort est de 300 fr. pour le sociétaire resté au
service de la compagnie, 250 fr. pour celui qui l'a quitté,
125 fr. pour la femme du sociétaire. Lorsque la mort a lieu
par accident en exercice de fonctions, la somme versée est
de 625 fr. au lieu de 300.

La société de secours du « Midland » est dirigée par un
comité composé de 3 employés supérieurs, nommés annuellement par l'administration, et 16 délégués des ouvriers et employés des divers services de la compagnie. Il n'y a pas de
réunions générales. Le conseil d'administration de la compagnie fait don annuellement à la société de secours d'une
somme de 25,000 fr.

Chaque compagnie de chemins de fer a ainsi son organisation de secours.

'Dans l'industrie minière aussi, les ouvriers s'associent

dans un but de prévoyance ; sujets plus que tous les autres à de graves accidents, l'assurance leur est indispensable. Parmi les institutions qu'ils ont formées il faut citer la « Société de secours des mineurs du Lancashire et du Cheshire » et celle « des mineurs du west Riding et du Yorkshire », fondées l'une en 1873, l'autre en 1877. La plupart des propriétaires des mines souscrivent annuellement une somme égale au cinquième des cotisations des membres participants.

Il est à remarquer que la moyenne des accidents causant la mort a diminué graduellement dans les mines depuis une trentaine d'années par suite des précautions prises et ordonnées par la loi, et grâce au système d'inspections dirigées par le Gouvernement. De 1851 à 1860, sur mille ouvriers employés dans les mines, il en est mort quatre par accidents (exactement $4 \cdot 072$) ; de 1861 à 1870, trois ($3 \cdot 328$) ; de 1871 à 1880, deux ($2 \cdot 353$) ; de 1881 à 1885, deux ($2 \cdot 044$) ; de 1886 à 1889, un ($1 \cdot 817$).

Les employés des grands établissements de banque et de commerce ont suivi l'exemple des ouvriers. Ils sont entrés dans le mouvement par la création de caisses d'assurances et de retraites ; mais une forte partie de leurs fonds étant, en général, fournis par les établissements eux-mêmes, ces organisations ne présentent qu'un intérêt secondaire.

Il faut citer la Société fraternelle des voyageurs de commerce écossais, fondée en 1838. Elle admet dans son sein tous les négociants, patrons et employés résidant ou voyageant en Écosse et âgés d'au moins 20 ans. Aucun secours n'est accordé avant un an de sociétariat. Les cotisations sont annuelles et varient de 54 fr. 85 c. à 21 ans, jusqu'à 330 fr. 40 c. à 60 ans.

Elles assurent, en cas de maladie ou d'infirmité, 25 fr. par semaine et, en cas de mort, la somme de 2 500 fr. Tout sociétaire malade ou infirme, obligé pour cette raison de quitter la place qu'il occupe, mais capable encore d'entreprendre un autre travail, ne reçoit l'indemnité de 25 fr. par semaine que jusqu'à ce qu'il ait trouvé une autre situation ; si, après un an, il est toujours sans emploi, l'indemnité est réduite à 18 fr. 75 c.

Manchester possède également une société de voyageurs de commerce. Son but principal est d'obtenir certaines concessions de la part des compagnies de chemins de fer et des maîtres d'hôtel, en faveur des voyageurs de commerce. Elle a en outre contracté avec la compagnie d'assurances contre les accidents la « Lancashire et Yorkshire », un arrangement par lequel tous ses membres se trouvent assurés à cette compagnie. La prime annuelle payée par chacun d'eux est de 13 fr. 10 c. Cette somme modique assure, en cas de mort par accident, 6,250 fr.; en cas de blessures, 31 fr. 25 c. par semaine. Une prime de 28 fr. 10 c. assurerait à la mort 12,500 fr., ou un secours de 62 fr. 50 c. par semaine en cas de blessure. Les membres de cette association qui ne sont pas voyageurs de commerce souscrivent au fonds social 26 fr. 25 c. au lieu de 13 fr. 10 c.

Les boutiquiers ont aussi leurs sociétés. La plus ancienne peut-être est « The Tradesmen's society » de Whitchurch, dont la création remonterait à 1788.

III. — Passant à la 3ᵉ catégorie des « Friendly societies », c'est-à-dire aux *sociétés provinciales* dont les opérations sont circonscrites à un ou plusieurs comtés, il est à remarquer qu'elles ont été, en majeure partie, fondées par des membres de la bourgeoisie et du clergé. Pour cette raison on les désigne quelquefois sous le nom de « Patronized societies ». On les trouve principalement dans les districts agricoles.

Deux ou trois de ces sociétés seulement étendent leur action à plusieurs comtés. La plus connue et la plus importante d'entre elles est l'Association de prévoyance de l'ouest (« The western provident association »).

Cette société, dont le siège est à Exeter, fut fondée en 1848. Elle admet des personnes des deux sexes, âgées de 15 à 50 ans. Lorsqu'il ne s'agit que de la participation aux assurances sur la vie, la limite d'âge est portée à 60 ans. On doit payer un mois de souscription à l'avance et l'on n'a droit aux secours qu'après 6 mois de sociétariat. Aucun membre ne peut assurer, par semaine de maladie, une somme supérieure à son salaire; s'il appartient à deux sociétés, la somme reçue de part et d'autre ne doit pas non plus dépasser son salaire hebdomadaire.

L'assemblée générale nomme le comité, mais elle doit choisir le président et au moins quatre « Trustees » parmi les membres honoraires.

Il est constitué six fonds distincts pour secours dans la maladie, soins médicaux, retraite aux vieillards, dotation des enfants, assurances sur la vie et assurances mixtes.

Une particularité de l'Association de prévoyance de l'ouest est son système de prêts mutuels. Tout sociétaire dans le besoin, et qui peut produire deux répondants, reçoit, à titre de prêt temporaire, des secours jusqu'à concurrence de la somme assurée par lui en cas de mort.

Les sociétés provinciales dont l'action est limitée à un seul comté sont les plus nombreuses. Elles ne se distinguent toutefois en aucune façon des précédentes ; il suffira donc de donner ici le nom des quatre plus considérables qui sont : la « Hampshire friendly » de Winchester ; la « Essex Provident » de Chelmsford ; la « Wiltshire friendly » de Devizes ; la « Dorset friendly » de Dorchester.

Les sociétés provinciales réunies ne comptent guère plus de 60,000 membres. Elles ne font aucune différence quant à la profession de leurs adhérents et, dans quelques-unes, les femmes sont également admises.

Ici, nous arrivons à un type de société tout spécial : les « Burial societies » ou *sociétés d'enterrements*. La chose que l'ouvrier anglais a peut-être le plus à cœur, c'est la certitude de ne pas être enterré aux frais de sa paroisse et d'avoir à sa mort un « decent Burial ». Il ne faut donc pas s'étonner de l'importance qu'ont prise les « Burial societies ».

Certaines de ces sociétés ont de nombreuses agences et recrutent leur clientèle indistinctement dans toutes les parties du Royaume-Uni. Ce sont en réalité des compagnies d'assurances mutuelles sur la vie à l'usage des classes laborieuses. Bien que la somme assurée par chacun ne dépasse pas 500 fr. dans la majorité des cas, elle peut s'élever pour quelques sociétés jusqu'à 5,000 fr. Les primes sont des plus réduites, mais varient parfois suivant la profession plus ou moins dangereuse de l'assuré.

De toutes les « Burial societies » celle du « Royal Liver » de Liverpool, compte le plus grand nombre de sociétaires. Fondée en 1850, elle compte des succursales dans la plupart des grandes villes.

Voici un aperçu des primes de cette société :

Assurance des enfants. — Un paiement de 0 fr. 10 c. par semaine à partir de la naissance assure la somme de 75 fr. si la mort survient avant la 5e année, et 125 fr. si la mort survient de 6 à 10 ans. Un paiement de 0 fr. 60 c. par semaine assure le paiement à 14 ans révolus de 512 fr. 50 c. pour un enfant de 1 an, et 457 fr. 50 c. pour un enfant de 2 ans.

Assurance des adultes. — Un homme de 19 à 22 ans peut, moyennant une prime hebdomadaire de 0 fr. 10 c., assurer à sa mort la somme de 200 fr. ; pour une prime hebdomadaire de 1 fr. 25 c. (un shilling) cette somme serait de 2,400 fr. L'ouvrier, en général, ne dépasse pas une prime de 0 fr. 60 c. (six pence) par semaine.

Après la Société du « Royal Liver » viennent, par rang d'importance : la « Liverpool Victoria Legal » ; la « Scottish Legal » de Glasgow et la « Royal London friendly ». Ces sociétés n'exigent aucun examen médical ; par contre elles ne paient le plus souvent leurs assurances que si la mort ne survient que quelque temps après le paiement de la première prime, ou bien ne paient que moitié seulement.

L'administration des grandes « Burial societies » laisse à désirer, paraît-il. Le manque de règles bien définies ; la difficulté de réunir en assemblée générale un aussi grand nombre d'intéressés, peu éclairés du reste, engendrent des abus auxquels il est difficile de porter remède. D'un autre côté, les agents collecteurs de primes employés par les « Burial societies » ont une grande influence sur les sociétaires qu'ils visitent et les font voter dans le sens qui leur convient. Il en résulte entre les membres du comité d'administration et les agents collecteurs une lutte d'influence qui se livre au détriment des véritables intérêts des associations.

Les sociétés locales d'enterrement sont bien mieux organisées et administrées que les précédentes. Le nombre des assurés y est plus réduit. Il en est néanmoins de très considérables, telles que « la Société philanthropique d'enterrements de Blackburn » fondée en 1839. Elle compte plus de 120,000 sociétaires résidant dans un rayon de 8 milles de Blackburn.

Les enfants sont admis au bénéfice de l'assurance à partir de 3 mois. Une prime hebdomadaire de 0 fr. 10 c. leur assure, 100 fr. à la mort si elle a lieu avant l'âge de 10 ans, et 125 fr. si elle a lieu après cet âge. En cas d'insuffisance de fonds, il est fait un appel extraordinaire. Cette société est dirigée avec beaucoup d'économie. Le secrétaire et ses adjoints reçoivent un salaire annuel de 3,500 fr. ; le président, 625 fr. ; le vice-président, 52 fr. 50 c. ; les membres du comité, 25 fr. chacun. Les agents collecteurs perçoivent 0 fr. 13 c. par shilling (1 fr. 25 c.) sur les cotisations suburbaines. Le salaire le plus élevé que puisse se faire ainsi un agent collecteur est évalué à 46 fr. 85 c. par semaine.

Il y a en outre à Blackburn la Société philanthropique d'assurances mutuelles. Un homme de 20 ans peut y assurer le paiement, à sa mort, de 2,500 fr. moyennant la prime modique de 44 fr. 85 c. par an.

Citons enfin, parmi les associations locales d'enterrements, la « Chorley family funeral » fondée en 1834. Elle compte aujourd'hui plus de 25,000 membres résidant dans un rayon de 8 milles de Chorley (Lancashire). Plus de 2,500 familles y sont intéressées, c'est-à-dire environ 80 p. 100 de la population totale.

Dans cette société, les cotisations sont prélevées par familles et non par tête. Chaque famille paie à son entrée un droit de 1 fr. 25 c. et ensuite une cotisation mensuelle de 0 fr. 40 c. Quatre retenues supplémentaires de 0 fr. 20 c. ont lieu pendant l'année. Dès que le capital social est réduit à moins de 12,500 fr., il est procédé à un appel de fonds extraordinaire pour parfaire cette somme.

Toute famille admise dans la société depuis 4 semaines

au moins a droit, à la mort d'un de ses membres, s'il était âgé de moins d'un an, à 25 fr.

S'il était âgé de 1 à 2 ans, 31 fr. 25 c.; de 2 à 5 ans, 50 fr.; de 5 à 10 ans, 62 fr. 50 c. ; de 10 à 15 ans, 75 fr. ; de 15 ans et au-dessus, 100 fr.

En cas de mort du père et de la mère, les enfants, s'ils continuent à vivre sous le même toit, sont toujours considérés comme faisant partie de la société, l'aîné devenant chef de famille ; si l'un des enfants se marie, la famille est dissoute et chacun doit, s'il désire rester membre de la société, faire une nouvelle demande d'admission. La Société philanthropique admet des membres honoraires ; leur cotisation est de 6 fr. 25 c. annuellement.

Les exemples qui précèdent suffisent à montrer sur quelles bases sont établies les « Burial societies ».

IV. — Après avoir examiné successivement les « ordres affiliés », les associations professionnelles, les sociétés de secours provinciales et les « Burial societies », il reste à parler des *associations purement locales*. Il n'est pas de ville, de village et même de hameau qui n'en possède au moins une en dehors des loges des « ordres affiliés » qui y sont quelquefois établis. Ces petites sociétés acceptent les femmes ; quelques-unes même se composent exclusivement de femmes.

Les plus notables des sociétés locales de secours, bien que d'une importance minime, sont celles de l'est de Londres qui ont été créées par des protestants français venus en Angleterre après la révocation de l'édit de Nantes. L'une d'elles, la Société fraternelle de « Betthal green », la plus ancienne peut-être des « Friendly societies », fut fondée en 1687 sous le titre d' « Association des Parisiens ». Quelques historiens prétendent qu'elle a servi de modèle à toutes les autres créées depuis en Angleterre. Le Royaume-Uni compte environ 52 de ces petites sociétés ayant plus d'un siècle d'existence. On peut citer encore parmi les plus anciennes la « Norman Friendly society », de Hackney Road, fondée en 1703.

Devenues riches, ces associations ne reçoivent pas volontiers de nouveaux adhérents, si bien que le nombre de leurs sociétaires est loin d'atteindre les chiffres toujours élevés des autres sociétés. Chacune semble avoir son attache particulière, son milieu : l'une a un but religieux, l'autre un but politique, tandis que, dans les autres institutions, le but est de pourvoir à des secours mutuels.

Un bon nombre de ces sociétés ne sont, surtout dans les districts houillers du nord, que de simples sociétés de répartition (« dividing »), dont le capital disponible est divisé entre les contractants, soit à la fin de chaque année, soit tous les 2, 3 ou 7 ans. Elles gardent généralement un petit reliquat pour recommencer leurs opérations. Ces sociétés ne sont admises à se faire enregistrer aux termes de la loi que si elles présentent un caractère de permanence. Les « dividing societies » ou tontines se fédéralisent également entre elles. Il existe à Newcastle une union centrale des sociétés mutuelles non enregistrées de Newcastle et Gateshead.

Il arrive parfois que les sociétés locales de secours reçoivent en dépôt les économies de leurs membres : par exemple la Société de dépôts de Guilford. D'autres sociétés font des prêts mutuels, par exemple les « Money clubs », les « Slate clubs », dont les capitaux sont constitués à l'aide de souscriptions hebdomadaires ou mensuelles. L'intérêt sur les prêts n'est pas supérieur à 5 p. 100. En une seule année plus de 90,000 personnes ont été tirées d'embarras ou de la misère par ces institutions.

Il faut signaler, enfin, les « Annuity societies » ou caisses de retraites de l'ouest de l'Angleterre.

Comme nous l'avons dit, il existe des sociétés de secours mutuels qui ne comptent que des femmes. Ceci ne doit pas surprendre si l'on songe que la population féminine excède, en Angleterre, la population masculine et que, par conséquent, un grand nombre de femmes sont vouées au célibat. Parmi les « ordres affiliés » de femmes on remarque « les Sœurs unies », « les Sœurs consolatrices », « les Femmes loyales » et « les Filles de la tempérance ». Les sociétés locales féminines sont rarement composées de plus de 200 à 300 membres ; les réunions ont lieu généralement dans les salles d'école. Environ 300 de ces sociétés sont enregistrées ; on suppose que leur nombre total est de 500 environ. Les associations féminines s'administrent elles-mêmes, mais le plus souvent elles nomment des hommes comme délégués chargés de leur direction.

Il est à remarquer dans l'histoire des « Friendly societies » en Angleterre que ces institutions se sont formées et développées sans jamais demander une subvention ; loin de solliciter l'appui du Gouvernement, elles sont disposées à s'en écarter. Un grand nombre de ces sociétés ne se font pas enregistrer, préférant, par esprit d'indépendance, renoncer aux avantages que leur offre la loi de 1875, plutôt que de se soumettre aux formalités facultatives qu'elle édicte. Et cependant ce n'est pas dans un but d'oppression, mais pour permettre l'établissement de certaines statistiques sur l'épargne, que ces formalités sont requises. Le législateur a voulu, en donnant aux sociétés la capacité civile, l'existence légale, les protéger contre les actes de mandataires quelquefois infidèles et leur permettre d'agir en justice.

Quels que soient les défauts qui peuvent exister dans l'organisation de certaines sociétés de secours mutuels, il faut reconnaître qu'elles ont prospéré pour la plupart, qu'elles ont initié à l'épargne, à l'assurance, une grande partie de la population ouvrière. Leurs tribunaux d'arbitres, établis en grand nombre, sont de véritables justices de paix dont les décisions sont généralement respectées. Les revues et journaux que font paraître les plus importantes de ces sociétés développent l'intelligence et le goût de l'étude chez beaucoup de leurs membres.

A une époque où les questions d'assurances étaient peu comprises, ce sont les « Friendly societies » qui ont fourni les données nécessaires pour dresser les tables de maladies, etc. L'une des plus estimées de ces tables est l'œuvre de l'un des secrétaires de l'ordre des « Odd fellows », M. Ratcliffe.

En résumé les sociétés de secours mutuels ont singulièrement contribué à l'amélioration qui s'est produite, en Angleterre, dans les conditions d'existence de la classe ouvrière tout entière. Organisées pour allouer des secours en cas de maladie ou d'accident, payer les frais de funérailles, servir des pensions aux infirmes et aux vieillards, et assurer d'autres avantages de cette nature, elles ont atteint dans ce pays une importance et une maturité qui n'existent nulle part ailleurs.

Voici, pour compléter cette étude sommaire des « Friendly societies », un aperçu de la législation qui, depuis la fin du siècle dernier, a régi les sociétés de secours mutuels. Le premier acte du Parlement relatif aux « Friendly societies » date de 1793. Il fut amendé en 1795 et étendu à l'Irlande en 1796. Ce n'est pas d'ailleurs l'acte de 1793 qui a donné naissance aux sociétés de secours mutuels : il leur a seulement procuré une existence légale.

Deux actes nouveaux furent votés en 1803 et 1809 ; deux autres en 1811, d'autres encore en 1817, 1819, 1824, 1825 et 1828. En 1829, la législation fut consolidée et amendée par l'acte 10 George IV c. 56, et de nouveau modifiée en 1831, 1832, 1833, 1834, 1835, 1836, 1840, 1846, 1847 et 1849. En 1850, la législation fut de nouveau consolidée et amendée par l'acte 13 et 14 Victoria c. 115, acte temporaire qui, prolongé en 1852, amendé en 1853, fut de nouveau prolongé et amendé en 1854. De 1855 à 1874 divers actes étendirent la législation et le principe des « Friendly societies » à d'autres corporations.

Enfin, en 1875, la législation relative aux sociétés de secours mutuels a été consolidée et amendée par l'acte 38 et 39 Victoria c. 60. C'est ce dernier acte qui est actuellement en vigueur[1]. Il a d'ailleurs subi quelques modifications sur certains points de détail, en 1876, 1877, 1879, 1882, 1883, 1884 et 1885. Voici le titre des principales sections qu'il renferme : *Section 8.* Différentes catégories de sociétés de secours mutuels qui peuvent être enregistrées. — *Section 10.* Bureau central d'enregistrement des « Friendly societies » ; bureaux secondaires, fonctions et obligations qui incombent

---

1. On en trouvera la traduction, avec une notice, dans l'*Annuaire de législation étrangère,* année 1876, p. 105 a 119.

à ceux qui sont préposés à ces bureaux. — *Section 11.* Enregistrement des « Friendly societies ». — *Section 12.* Radiation, suspension de l'enregistrement d'une société. — *Section 14.* Devoirs et obligations des sociétés. Rapports annuels. Nomination de « Trustees » et contrôleurs de comptes. — *Section 15.* Privilèges accordés aux sociétés. — *Section 16.* Propriétés et fonds des sociétés. — *Section 17.* Prêts d'argent faits aux sociétaires. — *Section 20.* Fonctionnaires des sociétés entre les mains desquels les fonds sont déposés : comptes qu'ils ont à rendre. — *Section 25.* Dissolution des sociétés.

Sociétés de prêt.

Les sociétés de prêts et emprunts (« Loan societies ») ont pris naissance dans les « Friendly societies ». Elles doivent leur existence légale à l'acte 5 et 6 Guillaume IV c. 23, complété par l'acte 3 et 4 Victoria c. 110. La loi qui les régit actuellement a été votée en 1863 (26 et 27 Victoria c. 56). Cette législation a réglementé les sociétés d'emprunts de la même manière que les sociétés de secours mutuels.

Les sociétés coopératives ou autres qui encouragent l'épargne ne patronnent pas les « Loan societies » ; celles-ci se sont, par suite, moins développées que les autres institutions fondées dans le même but.

Il y a une trentaine d'années on comptait en Angleterre un grand nombre de ces sociétés d'emprunts qui étaient appelées « Friends of labour societies » ou sociétés des amis du travail ; la plupart firent faillite.

La statistique pour 1888 démontre que le nombre des « Loan societies » continue à décroître. Il n'est que de 347, au lieu de 377 en 1887.

Voici les chiffres relevés dans leur compte rendu pour l'année 1888 :

Nombre des sociétés	347
Nombre des membres.	37,985
Nombre de ceux qui ont demandé à emprunter en 1888 .	76,829

	Livres sterling.
Sommes totales dues aux dépositaires ou actionnaires.	276,577
Sommes entre les mains des emprunteurs au 31 décembre 1888	263,284
Intérêts payés par les emprunteurs pour intérêts et cautions	20,398
Frais généraux d'administration.	10,591
Profits nets.	14,165
Pertes pendant l'année	2,699

Les sociétés d'emprunt se trouvent actuellement répandues dans 24 comtés de l'Angleterre et un comté du pays de Galles. Les comtés de Middlesex, Surrey, Herts, Kent, Lancashire, Yorkshire, Essex et Notts, comptent chacun au moins 10 de ces sociétés ; le comté de Hants en compte à lui seul 34. C'est le seul qui ait vu leur nombre s'accroître : en 1884, il n'en possédait que 24.

Sociétés de crédit. — Banques populaires.

Il n'existe pas en Angleterre de sociétés de crédit, ou de banques populaires, de l'espèce de celles qui sont établies en Italie, en Allemagne et en Amérique.

Un rapport présenté à la Chambre des communes en 1876 par le ministère des affaires étrangères relativement aux banques populaires en Italie, a toutefois attiré sérieusement l'attention du Parlement.

LES « TRADES UNIONS »

Les « Trades Unions » sont des associations ouvrières
dont le but est d'obtenir pour le travailleur des conditions
aussi avantageuses que possible. Leurs efforts sont actuellement concentrés sur les points suivants: chercher à faire
augmenter les salaires et poursuivre la réduction des heures
de travail.

Comme on l'a vu dans une autre partie de ce rapport, la
législation anglaise a été lente à accorder à l'ouvrier le droit
d'association ; après avoir reconnu nominalement ce droit,
elle condamnait encore comme illégaux les voies et moyens
employés pour en assurer l'exercice. Aujourd'hui, elle reconnaît comme légaux le but visé par les « Trades Unions »
et les moyens employés pour l'atteindre, en tant que ces
associations et leurs membres ne portent pas atteinte aux
libertés publiques et individuelles.

Les « Trades Unions » doivent leur origine aux circonstances
suivantes : au siècle dernier, la loi établie d'après les statuts
et usages des « Trade Guilds » (sociétés, ligues industrielles,
composées des patrons et ouvriers réunis), fixait seule les
heures de travail, le taux des salaires, l'apprentissage, la
réglementation des divers métiers, les conditions générales
de la main-d'œuvre. Les juges de paix et les magistrats locaux avaient pleins pouvoirs pour en assurer l'exécution. Les
patrons ayant tenu peu de compte des prescriptions légales,
les ouvriers en réclamèrent l'observation et, pour l'obtenir,

firent des tentatives d'association. Ce fut là l'origine et la cause de la première grève dont on ait conservé la relation (1756) : elle est connue sous le nom de Révolte des tisserands. Les ouvriers arrivèrent, non sans difficulté, à un arrangement avec les patrons.

Lorsque le mode de travail se transforma, lorsque les métiers à domicile et les petits ateliers disparurent pour faire place aux fabriques, les ouvriers, se trouvant réunis en grand nombre, purent s'associer d'une manière plus facile et plus sérieuse. En 1796, on vit se fonder la première association de métier, sur le même principe que les « Trades Unions » qui existent de nos jours. Cette union, appelée « Institution », fut organisée par les ouvriers drapiers d'Halifax.

Depuis cette époque, malgré les moyens de répression qui étaient entre les mains des magistrats, malgré les « combination laws » interdisant les coalitions, les « Trades Unions » continuèrent à s'organiser en secret, ou en se dissimulant sous le nom de « Friendly societies » (sociétés de secours mutuels). Lorsque le droit d'association fut légalement reconnu, les « Trades Unions » existaient donc en réalité depuis longtemps déjà ; mais, cette mesure libérale fut pour ces associations, obligées jusqu'alors de vivre cachées, le point de départ d'un rapide développement.

Leur organisation est celle d'une société d'assurance mutuelle ; leur but est d'obtenir, par l'association, ce que chaque membre, pris séparément, ne pourrait obtenir pour lui-même.

Chaque membre de l'union paie, chaque semaine, une cotisation qui l'admet à participer à tous les avantages prévus par les règlements de l'association. La cotisation varie suivant les sociétés de 2 pence (20 centimes) dans les métiers les plus pauvres, jusqu'à 1 shilling (1 fr. 25 c.) dans l'union des mécaniciens, des ouvriers employés à la fabrication des chaudières, des fondeurs de fer, des constructeurs de navires en fer, des charpentiers. Il est très rare que dans une même union il y ait deux taux différents de cotisation : chaque sociétaire paie la même cotisation, chacun étant appelé à jouir des mêmes avantages. Quelques sociétés cependant séparent d'une manière tout à fait distincte leurs fonds de métier (« Trade funds ») de leurs fonds de secours (« Benefit funds ». Dans ce genre d'associations, l'ouvrier qui est déjà inscrit dans une société de secours mutuels (« Friendly society ») ne verse, au « Trade Union », qu'à la caisse de fonds de métier (« Trade funds »).

Il existe encore actuellement un grand nombre de « Trades Unions » qui ont uniquement pour but de s'occuper du règlement des questions de métier, et qui laissent de côté tout ce qui a rapport aux secours mutuels. C'est là un reste des statuts et usages des anciens « Guilds ». Toutefois, la plupart des unions nouvelles tendent à combiner la protection du métier et les secours mutuels.

Ainsi, les « Trades Unions » peuvent être des sociétés de secours mutuels, comme les « Friendly societies ». Il y a cependant, même à ce point de vue, une différence entre les deux espèces d'associations : pour être membres d'une union ouvrière, il faut appartenir au métier, tandis que tout individu éligible et payant sa cotisation peut être sociétaire d'une association de secours mutuels (« Friendly society »).

Le tableau qui suit donne les chiffres des cotisations et des secours dans quelques-unes des unions les plus importantes et les mieux organisées.

TABLEAU.

NOMS des sociétés.	COTISATION par semaine.	SECOURS de maladie. — Par semaine.	SOMMES payables à la mort — au sociétaire.	à la femme du sociétaire.	INDEMNITÉ en cas d'accident. — Incapacité.	SECOURS par suite d'infirmités. — Par semaine.	SECOURS par suite de manque de travail. — Par semaine.	ÉMIGRATION ou perte des outils.	SECOURS pendant les grèves. — Par semaine.
Mécaniciens.	1f25	12f50 pendant 26 semaines et ensuite 6f25.	300f	125f	1,250f à 2,500	12f50 à 8f75 par sem.	12f50 pendt 14 sem. / 8 75 — 26 — / 7 50 — 6 —	250f pour outils.	12f50 et 6f25 par levée.
Ouvriers en chaudières et navires en fer.	1 25	12f50 pendant 26 sem., 6f25 pendt 5 sem., 5 fr. ensuite.	300	125	2,500	8f75 à 5f "	13f75 à 5f "	Émigration, diminution de secours.	12f50 à 13f
Fondeurs de fer . . .	1 25	11f25 pendt 13 sem. / 10 " — 13 — / 7 50 — 26 —	250	125	2,500	9 35 à 6 25	11 25 à 7 50	Depuis 1873, des secours charitables.	13f75, extra pour femme et enfant.
Charpentiers et menuisiers.	1 25	15f pt 26 sem., 7f50 ensuite pendant toute la maladie.	300	125	1,250 à 2,500	8 75 à 10 "	12f50 pendt 12 sem. / 7 50 — 12 —	Les secours accordés aux ouvriers sans emploi.	18f75
Tailleurs de pierres. .	0 65 à 1 30	12f50 pendt 13 sem. / 6 25 — 13 —	250f. Mort par accident,1,250f	150	2,500	6 25 à 5 "	Sec. de route de 11f25	Réduction de la cotisation.	13 " à 26 25
Plâtriers.	0 60	12f50	250f	125	1,250	11 25 à 6 25	Sec. de route de 11f25	Rien.	18f75 par sem.
Tailleurs.	0 70	12f50 à 8f75	150	100	Rien.	10 " à 7 50	11f63	Rien.	18f75
Maçons	0 70 à 0 90	18f75 pendt 13 sem. / 11 25 — 13 — / 6 25 — 13 —	250	150	1,250f	11 25 à 6 25	Sec. de route de 11f25	Rien.	12f50 ou salaires entières.
Compositeurs d'imprimerie de Londres. .	0 80	Rien.	250	Rien.	Rien.	10 " à 7 50	10f	Rien.	31f25
Typographes.	0 50	Rien.	250	Rien.	Rien.	10 " à 7 50	10	Rien.	25 "

En dehors des secours énumérés dans le tableau ci-dessus, un certain nombre d'unions accordent des secours aux sociétaires dans le besoin, ainsi que les soins médicaux. Dans l'association des « Fondeurs de fer », la paie de grève cesse après six semaines, mais pendant les huit semaines suivantes, la femme et l'enfant reçoivent une indemnité spéciale, tandis que l'ouvrier lui-même ne touche que le salaire de l'ouvrier sans emploi.

Une des mesures qui ont le mieux réussi aux « Trades Unions » en vue d'empêcher la réduction des salaires, lorsque le travail et la production diminuent ou pour d'autres causes, c'est de donner, par semaine, aux ouvriers sans emploi, une certaine somme (« benefit donation »), qui est prélevée sur un fonds spécial réservé à cet effet. Si un sociétaire se trouve sans travail par suite d'ivrognerie ou de mauvaise conduite de sa part, il perd son droit au « benefit ». Tous les sociétaires ayant intérêt à ménager les fonds de l'union, chacun se préoccupe de trouver du travail pour ses co-associés sans emploi, afin que l'association ait à les secourir le moins longtemps possible.

En Angleterre, bien des personnes croient que les « Trades Unions » ont pour but unique d'organiser les grèves. C'est là une erreur qui semble facile à réfuter. La statistique suivante, relative aux années 1875, 1876, 1888 et 1889, fait connaître le montant des sommes allouées à titre de secours, dans cinq branches principales de l'industrie, aux ouvriers qui se sont trouvés sans travail par suite de causes naturelles et indépendantes de leur volonté :

ANNÉES.	SOCIÉTÉ des mécaniciens réunis.	SOCIÉTÉ des fondeurs en fer.	OUVRIERS en chaudieres et navires en fer.	CHARPENTIERS et menuisiers.	COMPOSITEURS d'imprimerie de Londres.
	£	£	£	£	£
1875	31,560	11,186	16,365	2,658	845
1876	45,036	17,689	20,776	2,963	2,226
1888	54,740	12,629	7,151	30,105	5,514
1889	29,733	5,811	3,486	18,805	5,188

Les chiffres qui suivent donnent, également en livres sterling, pour une période de 20 années, de 1867 à 1886, le total des sommes distribuées, par chacune des cinq associations ci-dessus, à leurs sociétaires se trouvant sans travail.

	1867 à 1876.	1877 à 1886.
Société des mécaniciens réunis	356,894	667,817
Société des fondeurs de fer.	160,881	224,491
Ouvriers en chaudières et navires en fer.	61,000	321,299
Charpentiers et menuisiers	51,458	213,437
Société des compositeurs de Londres . .	19,920	44,773

Il résulte de ces chiffres que pendant les vingt années qui se sont écoulées de 1867 à 1886, les cinq unions dont il vient d'être question ont dépensé une somme de £ 2,121,962 (53,049,050 fr.) pour secourir les sociétaires sans travail. Cette somme est indépendante de celles dépensées à un autre titre, pour secours pendant la maladie, frais d'enterrement, pensions données à des infirmes ou à des vieillards, indemnités par suite d'accidents, etc.

Les fonds destinés aux ouvriers sans travail sont entièrement distincts des fonds de grèves. La plupart des unions accordent en outre des secours de route aux sociétaires qui se déplacent pour chercher du travail. L'ouvrier voyageant ainsi se présente aux succursales, aux loges de l'union qu'il rencontre sur sa route ; là, on lui procure souvent un repas et un lit, mais ce n'est pas une règle générale. Les secours de route varient suivant les sociétés. Ils peuvent toutefois être évalués à 1 penny (10 centimes) par mille (environ 1 kilom. et demi). Dans beaucoup d'unions on a adopté le système de donner à l'ouvrier un billet de 3ᵉ classe en chemin de fer pour se rendre d'un point à un autre (le prix de la 3ᵉ classe en Angleterre est de 1 penny par mille) ; ce mode de procéder était en usage spécialement parmi les charpentiers et les menuisiers et a eu pour résultat de réduire très sensiblement les déplacements qui, chez certains ouvriers, dégénéraient en véritable vagabondage.

Les fonds destinés aux grèves constituent néanmoins le

trait qui caractérise les « Trades Unions » et qui les distingue des autres associations ouvrières. C'est pour cela que pendant longtemps on les considéra comme illégales, et plutôt comme des coalitions que comme des associations.

Les membres des « Trades Unions » ne reçoivent la paie de grève que lorsqu'ils sont « called out », requis par ordre de l'association, ou bien quand ils ont à abandonner leur travail dans certains cas de désaccord avec le patron qui sont prévus par les règlements. Dans ces circonstances, l'administration de la société doit faire une enquête sur le bien-fondé des motifs qui ont amené l'ouvrier à cesser son travail. Dans les unions bien organisées, l'ouvrier en désaccord avec son patron doit prévenir le délégué supérieur de la société et celui-ci intervient pour amener la conciliation avant que l'ouvrier ne cesse son travail.

Avant le commencement d'une grève, il arrive dans la plupart des cas que le corps tout entier du « Trade Union » est consulté par voie de vote. Si la grève a lieu, c'est par décision de l'ensemble de l'union votant dans les diverses parties du Royaume-Uni. Quand la grève est commencée, on distribue la paie suivant les règles et les taux établis dans l'association.

Voici les chiffres de la paie de grève distribuée par certaines unions et par semaine :

Mécaniciens	10^{sh} soit	12^{f}50
Fondeurs de fer	11	13 75
Pour la femme	2	2 50
Pour chaque enfant	1 6^d	1 85
Charpentiers	15	18 75
Tailleurs de pierre	12	15 00
Maçons	10	12 50
Ouvriers aux chaudières et navires en fer	11	13 75
Plâtriers	15	18 75
Compositeurs	25	31 25

A ces fonds réguliers viennent quelquefois s'ajouter des sommes prélevées sur les fonds accidentels, ou provenant de contributions volontaires versées par d'autres unions. Ces secours supplémentaires sont alors répartis au prorata, selon la situation de famille de l'ouvrier, le nombre de ses enfants.

Voici, paraît-il, comment procède l'association ouvrière qui n'a pu arriver à un arrangement avec les patrons. Le mouvement commence dans un atelier, une maison de commerce, etc. ; les propositions arrêtées sont soumises ensuite au bureau de l'union ou à la loge ; si le bureau local de l'union adopte le projet de revendication, il le communique au comité exécutif, en lui indiquant le but à atteindre, la nature des modifications proposées ; la situation des affaires dans le district, le nombre des patrons que la question intéresse ; le nombre des ouvriers faisant partie de l'union, et celui des non-unionistes, le nombre des votes pour et contre le projet, dans la localité ; les chances de succès dans le cas où la demande serait adressée aux patrons. Après discussion, si le comité exécutif conclut à l'adoption du projet, celui-ci est envoyé dans toutes les loges de l'union qui l'examinent à leur tour et l'adoptent ou le rejettent finalement à la majorité des voix. Chaque ouvrier reçoit un bulletin de vote à domicile.

Ce mode de procéder semble indiquer que l'ouvrier ne subit aucune pression et agit librement. Quand les formalités dont il vient d'être parlé ont été remplies, la grève a lieu ou n'a pas lieu, suivant la décision du « Trade Union ». Si la majorité des sociétaires vote contre le projet, la grève est rejetée ou, dans tous les cas, ajournée. Si une association entrait en grève dans une certaine localité malgré la décision négative de l'union tout entière, elle aurait à défrayer les dépenses de cette grève avec ses fonds particuliers, sans pouvoir faire appel aux fonds généraux. Il est évident que les grèves sont moins nombreuses et sont souvent évitées dans les « Trades Unions » qui ont des succursales dans toute l'Angleterre, tandis que les associations locales livrées à elles-mêmes, n'ayant à consulter qu'elles-mêmes, s'engagent dans des entreprises qui généralement sont ruineuses pour le travailleur et pour le patron.

Les « Trades Unions » ont des règlements arrêtés par chaque association, et qui peuvent être connus de tout le monde ; ils sont lus au sociétaire au moment de son initiation ; il n'est admis que s'il déclare les comprendre et prend l'engagement de s'y conformer. Les « Trades Unions », assure-t-on, n'ont pas de statuts secrets.

Chaque branche de l'industrie du Royaume-Uni a son union particulière, qui est ou purement locale, c'est-à-dire établie dans une seule ville ou un seul district, ou bien générale, c'est-à-dire ayant un centre commun et des succursales ou des loges dans toutes les parties du pays.

A l'origine presque toutes les unions étaient locales. Il en existe encore aujourd'hui ; elles se trouvent dans les villes ou les districts qui ont une industrie spéciale, par exemple la fabrication de la faïence de Sheffield et Birmingham ; la soierie de Coventry et de Macclesfield ; la poterie du Staffordshire et de Worcester ; la tannerie de Bermondsey, etc. Aujourd'hui on remarque d'ailleurs une tendance à la fédération entre métiers s'exerçant dans une même localité. Par exemple, certains métiers de Sheffield et de Birmingham forment une même union.

Les unions générales se composent d'ouvriers appartenant à un métier ou industrie exercés dans tout le pays ou tout au moins dans de nombreux districts. Les industries que l'on trouve dans tout le Royaume-Uni sont : celles des machines et du fer, les ateliers d'imprimerie, la cordonnerie, l'industrie du vêtement (tailleurs). Dans certains districts on trouve l'industrie du coton, de la laine, de la soie ; les mineurs, les fondeurs, etc.

Quelques-unes des unions principales portent le nom de sociétés amalgamées (« amalgamated societies »), c'est-à-dire qu'elles réunissent dans une seule et même union toutes les branches de métier qui se rattachent à une même industrie. C'est ainsi que dans l'industrie des machines sont réunis les ajusteurs, les ouvriers aux modèles, les forgerons, les constructeurs de moulins. Ces différents métiers sont soumis aux mêmes règles, sont administrés par un même comité exécutif, ont un fonds commun, en un mot forment une seule

44 GRANDE-BRETAGNE.

et même union. Souvent aussi la réunion des sociétés locales et indépendantes d'un même métier en une même union porte le nom de « amalgamated society » ; par exemple, la société des charpentiers et des menuisiers ; celle des tailleurs.

Les deux tableaux insérés ci-après témoignent de l'étendue des ressources matérielles que possèdent les associations ouvrières :

Tableau I. Année 1876

NOMS des TRADES UNIONS.	NOMBRE DES succursales.	membres.	REVENU total[1].			DÉPENSES totales[1].			EN CAISSE[1].		
			£	sh.	d.	£	sh.	d.	£	sh.	d.
Mécaniciens.	390	44,578	120,208	10	1	109,701	11	5	275,146	15	9
Fondeurs.	110	12,663	34,539	7	2	32,900	14	6	65,395	6	7
Ouvriers en chaudières et navires en fer.	161	18,469	39,343	2	8	45,217	14	"	45,337	15	1
Ouvriers en machines à vapeur.	81	3,938	8,479	7	10	7,474	10	8	16,139	3	9
Serruriers.	25	4,504	3,244	7	11	5,140	"	1	5,485	13	"
Charpentiers (amalgamated).	318	16,038	38,848	1	8	25,038	8	6	70,109	13	10
Charpentiers (union générale).	154	11,841	18,625	17	11	11,071	5	8	22,500	6	2
Maçons (pierres).	373	26,330	33,014	6	9	29,415	6	"	15,963	1	9
Id. (société écossaise).	108	12,800	9,500	"	"	6,750	"	"	16,190	14	5
Maçons (briques), ordre de Manchester.	125	7,833	9,814	10	8	8,265	2	10	8,730	9	"
Maçons (briques), ordre de Londres.	113	6,262	9,151	3	10	6,006	16	7	12,209	13	"
Plâtriers.	136	8,500	5,448	8	10	3,129	18	5	7,587	19	8
Tailleurs.	335	14,738	23,048	8	2	19,857	3	"	17,517	2	10
Cordonniers.	185	10,500	6,733	12	3	5,039	10	3	1,893	15	8
Société typographique.	91	4,720	5,328	4	7	5,702	7	10	2,130	5	4
Société des compositeurs de Londres.	"	4,415	6,950	19	"	5,066	16	5	13,555	1	8
Lingotiers d'Écosse.	18	4,604	11,396	14	4	12,431	13	1	20,727	"	"
17 Sociétés.	2,723	212,763	384,673	3	9	338,208	19	8	616,619	17	8

1. £ = livre sterling (25 fr.) ; sh. = shilling (1 fr. 25) ; d. = pence (1 penny = 0 fr. 10).

Tableau II. Année 1889.

NOMS des TRADES UNIONS.	NOMBRE des succursales.	NOMBRE des membres.	REVENU total.	DÉPENSES totales.	En CAISSE.
			£	£	£
Société amalgamée des mécaniciens . .	469	60,723	183,652	132,642	209,780
Société des ouvriers en machines à vapeur	93	5,500	15,303	9,516	19,357
Société mutuelle des fondeurs.	114	13,805	39,800	26,005	33,888
Ouvriers en chaudières et navires en fer.	227	33,441	104,523	56,655	100,896
Lingotiers d'Écosse	18	5,992	20,983	15,133	13,624
Association des serruriers et ouvriers de l'acier	10	1,046	802	922	1,051
Société amalgamée des charpentiers et menuisiers	471	26,472	75,069	59,824	50,140
Union générale des charpentiers et menuisiers	60	1,623	3,193	3,022	601
Société des maçons (pierres).	297	11,306	15,076	14,060	5,457
Id. (briques) de Londres.	156	8,189	12,696	10,187	30,590
Id. Id. de Sheffield	79	1,238	1,370	1,237	741
Société des plâtriers	74	1,915	2,009	2,121	1,943
Id. des tailleurs.	353	15,276	20,953	19,836	16,043
Id. des cordonniers.	40	13,760	12,732	10,499	19,268
Id. des compositeurs de Londres. .	1	7,955	14,242	11,502	25,432
Association des typographes.	90	8,388	8,352	5,170	24,303
16 Sociétés.	2,552	216,634	530,755	378,331	556,114

Les chiffres pour 1889 contenus dans le tableau II qui précède, démontrent que les sociétés qui sont organisées dans le but unique de protéger les métiers ne se développent pas, tandis que celles qui distribuent des secours, comme par exemple l'Union des mécaniciens, des fondeurs, des ouvriers en chaudières et navires en fer, des charpentiers, des menuisiers et des compositeurs, prennent tous les ans de nouvelles forces.

En outre des sociétés qui viennent d'être énumérées, il existait, en 1877, une association nationale des mineurs, répandue dans 25 districts, comptant 90,000 membres et dirigée par un comité central de direction ; c'était une simple fédération ; elle était composée de nombreuses sociétés indépendantes ayant leurs règlements, leurs fonds et leur administration propre, mais affiliées les unes aux autres pour toutes les questions relatives aux salaires, aux heures de travail, aux accidents, mettant leurs fonds en commun quand il s'agissait d'organiser une grève ou de soutenir une contestation avec les patrons. Cette fédération ne dura pas, bien que les sociétés de districts qui la composaient aient continué à exister.

La fédération nationale des mineurs (« Miners national federation »), dont on a tant entendu parler récemment, est une association toute nouvelle fondée en 1889. On prétend qu'elle ne compte pas moins de 140,000 mineurs des différentes mines de charbon de l'Angleterre, à l'exception du Durham et du Northumberland. Cette fédération n'est pas établie entièrement sur les mêmes bases que celle de 1877. Elle est administrée par un comité ou conseil des délégués des différents districts. Chaque délégué est payé tant par jour, en dehors de ses frais de voyage, quand il se déplace pour le service de la fédération.

Lorsqu'il y a grève, ce comité fait les fonds pour la paie des ouvriers, mais il n'a pas le droit de peser sur les règlements et décisions des sociétés indépendantes qui composent la fédération, ses fonctions sont plus limitées que celles de l'association nationale de 1877. Il n'existe pas de fonds central ; ses revenus et dépenses sont limités aux besoins du moment, suivant les cas. Le but réel de cette association est d'obtenir, par acte du Parlement, la journée de huit heures de travail ; elle cherche en outre la formule d'un système, conjointement avec la fédération des patrons, dans le but de régler les salaires, le prix du travail à la pièce, sur la base du prix du charbon ou toute autre équitable.

Voici, d'après les rapports officiels pour 1876, l'importance et la situation financière de quelques-unes des unions minières :

Associations.	Nombre des membres.	Revenu total.	Balance en caisse.
		£	£
Durham.	38,000	44,694	76,296
Northumberland	18,711	12,506	30,154
Yorkshire (ouest).	8,000	31,303	22,616
Bromwich (ouest).	3,105	10,076	4,851
Derby et Leicester	992	3,238	2,231
Totaux.	68,808	101,817	136,148

Le tableau suivant permet de constater les changements qui se sont produits depuis 1876 :

Associations.	Nombre des membres.	Revenu total.	Balance. en caisse
		£	£
Durham. 1888.	37,000	37,337	36,235
Northumberland. 1889. . . .	15,144	8,594	9,420
Yorkshire (sud et ouest). 1888.	10,000	9,402	10,901
Bromwich (ouest). 1888. . .	976	1,634	1,372
Leicestershire. 1888	1,143	656	176
Ashton et Haydock. 1888 . .	4,569	1,489	Rien.
Totaux.	68,832	59,112	58,104

Les totaux qui précèdent ne sont plus d'ailleurs complètement exacts, le nombre des sociétaires s'étant accru très sensiblement en 1890.

Il existe, en dehors des associations énumérées ci-dessus, d'autres unions, dans diverses parties de l'Angleterre, par exemple celle des charpentiers de navires. La substitution du fer et de l'acier au bois dans la construction des navires a diminué l'importance de cette corporation ; les charpentiers de navires ont cependant conservé de l'influence dans certaines régions. Leur société compte 43 succursales et 5,450 membres, avec un revenu en 1889 de £ 7,599 (189,975 fr.), un chiffre total de dépenses de £ 2,891 (72,275 fr.) et une balance en caisse de £ 12,226 (305,450 fr.). Les tonneliers qui, en 1877, résolurent de fondre en une seule union leurs sociétés indépendantes, comptaient à cette époque environ 20,000 membres et un fonds de £ 30,000

(750,000 fr.). Il paraît que cette fédération n'a pas réussi, car on constate une diminution sensible dans le nombre des sociétaires.

Les carrossiers comptaient, en 1877, 7,973 membres et un revenu de £ 15,918 (397,950 fr.); en 1888 ils n'étaient plus que 4,790 membres avec un revenu de £ 10,557 (263,925 fr.). Il existe actuellement une association de forgerons pour voitures. Les ouvriers en cuivre étaient environ 5,000 sociétaires en 1877. Les filateurs de coton comptaient 15,544 membres en 1877; en 1888, la société amalgamée en avait 16,910 sans compter les 5,630 membres de l'association provinciale. Les tisserands à la mécanique étaient 16,600 en 1877; en 1888, le district de Blackburn en comptait 10,400; à la même époque l'association amalgamée des tisserands des comtés du nord, avec son bureau central à Accrington, avait 33,756 sociétaires. L'industrie textile compte un bon nombre d'autres associations parmi lesquelles celle des ouvriers en dentelles de Nottingham qui comprend 4,000 membres.

Un fait remarquable dans les annales des « Trades Unions », c'est la formation d'associations entre « unskilled labourers » (journaliers, ouvriers ne sachant aucun métier proprement dit). Il faut citer en première ligne l'union des ouvriers des champs (« Agricultural labourers Union »), qui a été fondée en 1872 et s'est répandue soudainement dans toute l'étendue du Royaume-Uni.

En 1877, on comptait trois unions distinctes de ce genre : 1° « l'Agricultural labourers Union » dont le siège était à Leamington, et qui était divisée en 29 districts avec 1,490 succursales et un total de 50,000 membres ; son revenu en 1876 était de £ 12,625 (315,625 fr.), ses dépenses de £ 10,059 (251,475 fr.), et son encaisse de £ 6,843 (171,075 fr.); 2° l'association du Kent et Sussex (« Kent and Sussex labourers Union »), avec son siège à Maidstone, 251 succursales et 13,300 sociétaires ; 3° l' « Amalgamated labour league », avec 31 succursales et 10,000 membres. Chacune de ces unions avait son journal, et on peut assigner à ces organes une part d'influence sur les élections de 1880 et 1885, et plus récemment encore sur les élections des Conseils de comté.

Ces trois associations ont eu une prospérité assez éphémère. L' « Amalgamated labour league » n'existe plus ; l' « Agricultural labourers Union » existe encore, mais en 1888 elle ne comptait plus que 4,660 membres avec un capital de £ 4,558 (113,950 fr.) ; la « Kent and Sussex Union », à la même époque, avait 8,500 sociétaires, un revenu de £ 10,556 (263,900 fr.) et un encaisse de £ 7,435 (185,875 fr.). Ces unions et les mouvements qu'elles représentaient semblent avoir épuisé les forces et l'énergie de ceux qui les avaient organisées.

On ne peut néanmoins qu'être frappé de la rapidité avec laquelle se groupent aujourd'hui en nombre considérable des ouvriers n'appartenant à aucun métier proprement dit, masses disciplinées et agissant dans un même but. C'est ainsi que l'on a vu récemment l'Union des ouvriers des docks qui ne comptait que 800 membres atteindre subitement, dans l'espace de six mois, le chiffre de 50,000. Les ouvriers des usines à gaz, suivant l'exemple des « Dockers », ont récemment formé une association. Mais ce sont là plutôt des manifestations en commun que des associations organisées.

Il reste à mentionner la « Sailors and firemen national amalgamated union of Great Britain and Ireland » (Union des marins et des chauffeurs), qui ne compte pas moins de 65,000 membres.

Le goût de l'association est tellement développé en Angleterre que les femmes elles-mêmes s'unissent dans certaines industries.

En résumé, les « Trades Unions » sont devenues une part essentielle de la vie sociale de la nation. Leur existence légale est si bien reconnue qu'il existe au ministère du commerce (« Board of Trade ») un service spécial dont le chef (« labour correspondent ») est chargé de centraliser tous les rapports que lui adressent annuellement les associations ouvrières. Les travailleurs ont grande confiance dans leurs unions ; ils leur sacrifient au besoin leurs économies, en dehors des cotisations ordinaires, lorsqu'après une période difficile elles se trouvent momentanément dans la gêne.

Les « Trades Unions » ne sont pas des sociétés politiques ; elles admettent des membres de toutes opinions et de toutes religions. Quelquefois cependant elles ont pris part à des mouvements politiques, tels que celui de 1867 qui a amené le vote du « Reform bill ». A cette époque elles cherchaient à conquérir l'appui de la loi, car elles étaient si peu protégées que, dans le cas où un administrateur malhonnête dissipait leurs fonds, elles n'avaient contre lui aucun recours en justice. Plus tard, les associations ouvrières ont également contribué à l'obtention du droit de vote dans les comtés. Le mouvement fut organisé par les unions d'ouvriers des champs et celles des mineurs. Les unions ont en outre appuyé la campagne entreprise par M. Plimsoll en vue d'amener le Parlement à voter les mesures nécessaires pour protéger la vie des marins des navires de commerce. Il faut ajouter que les unions nouvellement fondées ont plus que leurs devancières une tendance politique, sans pour cela avoir un caractère révolutionnaire.

Voyons maintenant comment sont organisées les « Trades Unions ».

1° Le nombre des sociétaires est illimité, tout ouvrier du métier peut entrer dans l'union et obtient toutes les facilités à cet effet, pourvu qu'il soit capable de gagner les salaires courants établis dans la ville où il travaille.

2° L'âge auquel un sociétaire peut être admis est en général fixé à 21 ans, c'est-à-dire au moment où il a terminé son apprentissage et où il acquiert sa majorité légale. Dans la pratique, on admet les jeunes gens de 16 à 18 ans et les apprentis, mais ils ne peuvent pas voter ; ils jouissent toutefois des avantages de l'union, notamment en ce qui touche les secours.

3° Chaque nouveau membre est élu par les membres de l'association ; si l'union est *générale,* par les membres de la loge ou succursale. Aucun membre ne peut être élu par un comité ou conseil.

4° Le mode d'élection est le suivant: le candidat doit d'abord être présenté, c'est-à-dire *proposé* par un sociétaire et *appuyé* par un autre dans l'une des réunions ordinaires du soir, à la loge; c'est là ce qui constitue la « nomination ». Dans la plupart des associations, le candidat n'est pas présent à cette occasion, mais le membre qui le propose doit verser la moitié ou le tiers du droit d'entrée, suivant le règlement de la société, c'est-à-dire de 5 à 20 shillings. Cette somme est en général payée en deux ou trois fois: une partie au moment de la « nomination », l'autre le soir de l'élection.

Le sociétaire qui *propose* le candidat doit le connaître personnellement, doit avoir travaillé avec lui, afin de pouvoir répondre de ses capacités comme ouvrier et de ses aptitudes comme membre de l'union. Il doit prouver que celui qu'il présente est capable de gagner les salaires établis dans la localité où il travaille et ceux du district où est établie l'union. Le sociétaire qui *appuie* la candidature doit également parler du caractère et des capacités de l'ouvrier présenté, mais il peut se borner à faire connaître les témoignages qu'il a recueillis auprès de ceux qui ont été en relation avec lui.

Dans la réunion qui suit la « nomination », le candidat doit être présent et répondre à toute question qui peut lui être posée par un membre quelconque de la loge. Si ces réponses ne sont pas jugées satisfaisantes, on lui demande de sortir de la salle, afin que les objections puissent être formulées ouvertement; le candidat est ensuite introduit de nouveau afin de s'expliquer sur les points douteux, après cela le président recueille le vote de la loge. Le sociétaire qui propose le candidat et celui qui l'appuie ont pour tâche de défendre leur candidat si on l'attaque pendant qu'il est absent; il est d'usage de ne mentionner au candidat que les objections faites par la loge tout entière, et non celles qui émanent d'un seul membre.

Lorsque le candidat a répondu d'une manière satisfaisante, on lui demande s'il désire être membre de l'union, et sur sa réponse affirmative, le président lui donne lecture des principaux règlements ; le candidat doit les accepter d'une voix haute et intelligible. Puis le président, déclarant qu'il est admis et reconnaît les règlements de l'union, le prend par la main, en signe de bonne fraternité ; il le conduit auprès du secrétaire qui lui remet une copie des règlements, et le nouveau membre prend place au milieu de ses co-sociétaires.

Cette cérémonie de l'initiation est simple, mais, en même temps, elle ne manque pas de faire impression. Elle dénote, dans la plupart des Tra les Unions bien organisées, une discipline qui n'exclut pas les formes et même une certaine délicatesse. Le candidat doit avoir la tête découverte et se tenir debout devant le président.

5° Chaque association est administrée par un comité de membres ou conseil élu au suffrage universel par la réunion générale des sociétaires, chacun d'eux ayant droit à un vote. Ce comité ou conseil est élu pour trois mois dans les unions locales, ou 12 mois dans les unions générales. Dans les unions amalgamées il est en fonctions pour six mois ou un an. Le vote a lieu par main levée ou par bulletin.

Dans les principales associations, le comité d'administration est désigné sous le nom de comité central ou conseil exécutif ; il décide en dernier ressort, et statue même sur des questions qui ne sont pas prévues par les règlements. Dans les circonstances exceptionnellement graves, le conseil exécutif fait appel aux loges ou unions locales qui envoient chacune un délégué. Le « conseil général » formé de ces délégués a le droit de réviser les actes du conseil exécutif.

Les unions ont généralement : un président, un vice-président, un trésorier et un secrétaire, élus tous les ans, de même que les membres du conseil exécutif. En dehors de ces fonctionnaires de l'union générale, chaque société locale a ses président, trésorier et secrétaire et ses « tylers » ou commissaires qui sont chargés de la police de la loge, du recouvrement des cotisations, etc.

6° Les fonds de l'union sont en général confiés à des délégués spéciaux (« Trustees ») qui sont responsables, à moins de circonstances indépendantes de leur volonté. A l'éloge des Trades Unions et de leur organisation, il faut dire que, à l'époque où elles n'avaient pas légalement de recours en justice contre leurs administrateurs infidèles, il a été constaté que les malversations n'étaient pas plus fréquentes parmi elles que dans toutes sociétés financières qui étaient sous la protection de la loi. Les fonds des unions trouvèrent un commencement de protection dans un acte du Parlement qui ne les visait pas (1868, 31 et 32 Victoria c. 116), mais ce n'est qu'en 1871 que les unions enregistrées suivant les prescriptions légales virent leurs fonds placés sous la protection des magistrats (34 et 35 Victoria ch. 31, loi complétée par l'acte 39 et 40 Victoria c. 22 (1876); voir spécialement les sections III et IV).

Les fonds des Trades Unions devant être toujours disponibles en cas de besoin ne peuvent être l'objet de placements avantageux. Les associations en retirent un intérêt modique en les déposant aux Caisses d'épargne ou dans des banques de dépôts par actions. La comptabilité de l'union est très minutieusement contrôlée par des membres spécialement élus à cet effet. Les comptes sont publiés tous les ans. Quand il y a des erreurs de caisse, les unions font une enquête sérieuse afin de ne pas livrer un sociétaire à la justice avant de savoir s'il est réellement coupable ou si l'erreur commise ne provient que de son inaptitude à tenir des livres.

Les traitements des fonctionnaires supérieurs dans les unions importantes et riches sont très modiques, comme on va le voir par le relevé donné ci-dessous des traitements payés dans plusieurs des principales unions :

Noms des sociétés.	1877.		1889.	
	Nombre de membres.	Traitements annuels. £	Nombre de membres.	Traitements annuels. £
Mécaniciens réunis . .	46,071	208	60,728	208
Ouvriers en machines à vapeur	4,121	130	5,500	156
Ouvriers en chaudières et navires en fer . .	19,660	156	50,000	208

  GRANDE-BRETAGNE.

Noms des sociétés.	1877.		1889.	
	Nombre de membres.	Traitements annuels.	Nombre de membres.	Traitements annuels.
		£		£
Fondeurs en fer. . . .	12,612	130	13,805	143
Charpentiers réunis . .	16,824	156	26,472	156
Tailleurs de pierre . .	22,733	156	11,306	130
Maçons. Londres . . .	6,749	156	8,189	156
— Manchester. .	8,033	208	1,238	208
Plâtriers.	6,025	156	1,915	156
Tailleurs réunis. . . .	14,408	156	15,276	156
Cordonniers	4,369	117	13,760	156
Compositeurs. Londres.	4,480	156	7,955	200
Association des typographes.	5,309	130	8,388	150

Les émoluments les plus élevés que reçoive le secrétaire d'une union générale ne dépassent pas 5,200 fr. par an. Le président d'un comité exécutif central est payé de 1 shilling par soirée de réunion jusqu'à £ 40 (1,000 fr.) par an ; le trésorier reçoit de 1 shilling par soirée de réunion jusqu'à £ 20 (500 fr.) par an. Les fonctionnaires d'une loge, d'une union locale sont payés suivant le nombre de membres. Si l'on prend pour base le chiffre de 300 membres, on trouve que les paiements trimestriels sont les suivants : secrétaires de la société des maçons, 45 fr. 60 c. ; des mécaniciens, 73 fr. 40 c. ; des ouvriers pour chaudières et navires en fer, 125 fr. Les présidents de succursales d'union reçoivent, par réunion, de 0 fr. 60 c. à 1 fr. 25 c. ; les trésoriers ont de 1 fr. 25 c. par réunion jusqu'à 125 fr. par trimestre. Les contrôleurs des comptes ont 1 fr. 25 c. par soirée de travail; les commissaires des loges (« stewards »), également 1 fr. 25 c. par réunion.

Certaines associations, telles que celles des ouvriers pour chaudières et navires en fer, des mineurs, des ouvriers travaillant le fer et l'acier, etc., ont un « délégué » qui donne tout son temps à la besogne administrative dont il est chargé, et qui est payé de 2,600 à 3,900 fr. par an.

Les unions ont d'autres frais généraux, entre autres le loyer de leur salle de réunion et des bureaux. Cette dépense n'est jamais excessive; citons, par exemple, l'association des mécaniciens réunis qui a un revenu annuel de £ 183,652 et un loyer de 140 £ (3,500 fr.) ; les fondeurs de fer ont un revenu de £ 38,800 et un loyer de £ 45 (1,125 fr.) ; les charpentiers et menuisiers réunis, avec un revenu de £ 75,069, payent pour leur loyer £ 80 (2,000 fr.) ; les compositeurs de Londres, avec un revenu de £ 14,242, ont un loyer de £ 130 (3,250 fr.), etc. D'autres associations, les maçons, les plâtriers, à Manchester, ont construit pour leur usage une salle d'assemblée et des bureaux. Dans les localités où il y a une succursale d'union, les membres se réunissent dans la salle d'un cabaret, pour y tenir leur assemblée de semaine.

Il est généralement admis que c'est en grande partie aux « Trades Unions », à la persévérance, à la modération et à l'esprit politique de ces associations, que les ouvriers anglais doivent les avantages réels qu'ils ont obtenus, notamment en ce qui concerne les salaires et les heures de travail.

Un rapport du comité spécial de la Chambre des Lords sur la question du « Sweating system » (v. ci-après p. 132) constate dans les termes suivants l'utilité des associations entre ouvriers : « En ce qui concerne les faibles salaires et les « heures excessives de travail, nous pensons qu'un bon ré- « sultat s'obtiendrait par l'extension des sociétés coopératives « et au moyen d'associations bien comprises parmi les ou- « vriers. »

Ainsi qu'on le verra ci-dessous (p. 72), le Parlement, les corporations municipales et locales, tendent à accepter pour les travaux publics les demandes des « Trades Unions » relativement au taux minimum des salaires dans chaque métier et aux heures composant la journée de travail.

Il est à remarquer que depuis quelques années la durée moyenne de la vie des travailleurs, en Angleterre, a augmenté. Cela prouve que les conditions de l'existence des ouvriers se sont fort améliorées et si la mortalité est moins grande parmi eux, ce résultat peut sans doute être en partie attribué aux secours que les « Trades Unions » donnent à leur sociétaires sans travail, malades, âgés, ou victimes d'accidents.

SOCIÉTÉS COOPÉRATIVES

La coopération ouvrière est peut-être, de tous les moyens mis en œuvre pour améliorer le sort du plus grand nombre, celui qui a donné lieu aux plus larges espérances, et elle les a réalisées dans une grande mesure.

La coopération est une association formée en vue de la production ou de la vente en commun aux frais et au profit de tous les intéressés.

Pour que la coopération pût être appliquée utilement et qu'elle portât des fruits, il lui fallait un milieu spécial. Ce milieu, elle semble l'avoir trouvé plus que partout ailleurs au sein des districts manufacturiers de l'Angleterre.

Habitués à ne compter que sur leurs propres efforts, déjà rompus à la vie des associations par l'établissement de leurs « Trades Unions » et de leurs caisses de secours, les ouvriers anglais ne devaient pas tarder à profiter aussi des avantages du travail coopératif. S'ils n'ont pas été les premiers dans cette voie, il faut reconnaître qu'ils ont grandement devancé les autres pays par les résultats obtenus.

Les sociétés coopératives se subdivisent en deux classes bien distinctes : les sociétés de production et les sociétés de consommation.

Les premières, qu'un certain nombre d'économistes distingués ne croient encore possibles qu'à l'état d'exception, ont pour objet d'assurer à l'ouvrier tous les profits de son travail.

Les secondes, qui sont certainement d'une application plus aisée, doivent faire profiter le consommateur des bénéfices prélevés par les intermédiaires, c'est-à-dire par le commerce de détail.

L'évêque de Durham, qui s'est beaucoup occupé de la coopération, l'a appréciée dans les termes suivants : « Ces sociétés tendent, les unes et les autres, à la distribution graduelle du capital dans la masse, et cela sans secousse et sans affaiblissement de la puissance motrice de ce facteur de la production. En d'autres termes, le but qu'elles poursuivent est l'émancipation du salariat. »

Sociétés coopératives de production. — Étant données les deux formes de travail coopératif, il était naturel que l'attention de l'ouvrier fût tout d'abord attirée sur la production en commun. Mais, pour former avec succès des associations de cette nature, le travailleur a besoin d'un capital dont généralement il ne dispose pas, et d'un ensemble .de connaissances qu'il est loin de posséder encore.

Quelques sociétés de production ont été néanmoins créées sur plusieurs points, mais bien peu ont réussi.

Il existe actuellement, y compris les moulins (*corn mills*), établis à l'aide de capitaux appartenant à des coopérateurs dont les ouvriers sont intéressés, environ 106 associations de production. Les principaux articles fabriqués par elles sont les draps, les futaines, le coton, la toile, la bonneterie, les tapis, la coutellerie et la quincaillerie, la cordonnerie, etc., etc. Elles comptaient, en 1882, 9,931 ouvriers associés, avec un capital-actions de 8,938,850 fr., et 2,657,175 fr. de dépôts. Les bénéfices pour l'année 1880, défalcation faite des salaires et de l'intérêt alloué sur les dépôts, se sont élevés à 1,561,350 fr., soit un rendement de 17.47 p. 100. — D'après les dernières statistiques, les 106 sociétés de production en existence comptent 27,528 membres avec un capital-actions s'élevant à £ 714,189, soit 17,854,725 fr., et £ 274,784 (6,689,600 fr.) de dépôts.

On ne saurait prétendre d'ailleurs qu'on se soit beaucoup occupé jusqu'ici en Angleterre de la coopération ayant pour but la production. Si un jour, malgré toutes les difficultés qui existent, cette coopération pouvait prendre pied en Angleterre, elle prouverait aux ouvriers combien le capital court de hasards et de dangers et produit fréquemment de médiocres et pénibles résultats.

Sociétés coopératives de consommation. — La classe ouvrière anglaise s'est presque exclusivement donné pour tâche la solution du problème de la coopération de consommation. Bien qu'il existât déjà dans la première moitié de ce siècle un certain nombre de sociétés de consommation, le grand mouvement en leur faveur ne commença guère en réalité qu'après la fondation, en 1844, de la fameuse société des « Équitables pionniers de Rochdale », dont les progrès ont été des plus rapides. Fondée par quelques ouvriers sans travail qui n'avaient à leur disposition que quelques centaines de francs, cette association comptait déjà, en 1882, 10,613 sociétaires ; elle possédait un capital-actions de 7,314,250 fr. ; sur un chiffre total de ventes de 7,091,375 fr. en 1880, elle réalisait un bénéfice net de 875,575 fr. ; et en 1889 ses profits atteignaient 1,243,775 fr.

Les statuts des Équitables pionniers ont servi de modèle à presque toutes les sociétés qui ont été formées depuis. Il est donc intéressant d'en relater les dispositions les plus saillantes. Pour faire partie de la société, il suffit de souscrire cinq actions de 25 fr. sur lesquelles un premier versement de 1 fr. 25 c. par action doit être effectué. Les versements suivants sont de 3 fr. 75 c. par trimestre et par action jusqu'à libération entière. Ils peuvent être anticipés. La société est administrée par un comité élu par l'assemblée générale ; toutes les fonctions sont rétribuées. Un sociétaire ne peut en aucun cas posséder plus de 100 actions, ou être créancier de la société pour plus de 5,000 fr., actions comprises. Ses achats au magasin coopératif doivent s'élever dans l'année à la somme d'au moins 100 fr.

Un intérêt de 5 p. 100 est alloué sur le capital-actions. Les bénéfices nets, déduction faite de 2 $\frac{1}{2}$ p. 100 réservés au fonds d'instruction, sont distribués aux sociétaires au prorata des achats effectués par chacun d'eux au magasin coopératif. Tous les profits sont donc réellement répartis entre les divers intéressés, soit sous la forme de dividende sur les actions que chacun doit posséder, soit sous la forme de boni sur les achats.

Les courageux fondateurs de la Société des Pionniers n'ont pas envisagé la coopération au seul point de vue de la division plus équitable des profits. C'étaient des croyants en même temps que des hommes pratiques; ce qu'ils voulaient et ce que leurs successeurs plus nombreux veulent après eux, c'est élever, à la fois, le niveau social et le niveau moral de la classe ouvrière. Aussi, leur première pensée a-t-elle été pour l'éducation et l'instruction des sociétaires. Avant même qu'ils ne fussent assurés du succès, ils décidèrent qu'il serait prélevé chaque année, sur les bénéfices nets, 2 $^1/_2$ p. 100 pour la formation d'un fonds d'instruction. Ce fonds dispose aujourd'hui de sommes importantes. Il a permis la création d'une très belle bibliothèque et d'un cabinet de lecture considérable où sont admis tous les coopérateurs. De plus, il a été institué, pour les adultes et les enfants, des cours gratuits qui ont puissamment contribué à élever la moyenne de l'instruction parmi la classe ouvrière de Rochdale.

Les « Equitables Pionniers » essaient en outre, par tous les moyens en leur pouvoir, de développer chez les jeunes gens et les enfants, les habitudes de prévoyance et d'économie. Ils ont créé à cet effet une caisse d'épargne juvénile qui reçoit les plus petits dépôts. Un intérêt relativement très élevé, 4 $^3/_4$ p. 100, est servi sur toutes les sommes versées, mais elles ne peuvent séjourner dans la caisse plus de trois mois.

Les bienfaits que l'on peut retirer de l'association coopérative ne sont plus mis en doute à Rochdale. Tous les habitants sont convertis à cette idée; la ville même lui est redevable de ses embellissements; ses plus beaux édifices ont été construits par les sociétés coopératives. Les « Equitables Pionniers » possèdent à Rochdale, à eux seuls, 20 magasins coopératifs.

Exception faite de quelques sociétés du « civil service », sociétés qui n'admettent qu'un nombre limité de porteurs d'actions, toutes les associations coopératives de l'Angleterre fonctionnent sur les bases posées par les Équitables Pionniers de Rochdale. Alors qu'il n'en avait été fondé que 34 de 1840 à 1850; de 1850 à 1860, 108 sociétés étaient créées; de 1860 à 1870, le nombre des sociétés nouvelles s'élevait à 748; de 1870 à 1880 il était de 1,183 et atteignait en 1887, époque du dernier relevé statistique, le chiffre important de 1,516 sociétés déposant leur compte rendu annuel.

La progression a été remarquable surtout dans les districts manufacturiers. Ainsi le Yorkshire et le Lancashire possèdent plus des deux tiers des sociétés enregistrées, le comté de Durham vient ensuite. Les parties de l'Angleterre les moins favorisées sont les comtés agricoles, où la population est moins éclairée et plus disséminée. En effet, 23 comtés ont chacun moins de dix sociétés coopératives.

D'après les statistiques officielles, il existait au 31 décembre 1887, pour l'Angleterre et le pays de Galles, 1,170 sociétés; pour l'Écosse 334 et pour l'Irlande 12. Ces sociétés comprenaient à la même époque 967,828 membres. Leur capital-actions était de £ 10,334,216 soit *258,605,400* fr.; leurs dépôts s'élevaient à £ 2,253,576, c'est-à-dire *56,339,400* francs. Le chiffre de leurs ventes a été pendant l'année 1887, de £ 34,483,771 ou *862,094,275* fr. Il restait en magasin pour £ 4,360,836 de marchandises, soit *109,020,900* fr. Sur ce mouvement d'affaires, il avait été réalisé un bénéfice net de £ 3,190,309, soit *79,757,725* fr.

En divisant les bénéfices par le nombre des intéressés on trouve qu'il revenait à chaque sociétaire, à la fin de l'année 1887, environ 83 fr. de profits. Ce n'est pas énorme évidemment, mais c'est beaucoup cependant pour un petit ménage d'ouvrier. Alors surtout que pour avoir droit à cette somme, il suffit de s'approvisionner de préférence dans des magasins où l'on est toujours assuré de trouver à des prix plus avantageux des articles de premier ordre.

La société coopérative de consommation est considérée, de ce côté de la Manche, comme l'instrument qui doit servir à la classe ouvrière pour accumuler dans un avenir plus ou moins lointain, un capital suffisant pour former des sociétés coopératives de production. Nous avons vu que pour faire partie de la Société des Équitables Pionniers ou de toute autre société coopérative, il faut être porteur d'au moins 5 actions de 25 fr., acquises graduellement à l'aide de versements trimestriels, mais qui donnent immédiatement accès au magasin coopératif. Grâce à cette combinaison, les associations déjà formées ont pu constituer un capital de £ 12,585,741, soit 314,653,525 fr., propriété exclusive des travailleurs qui en font partie. Si tous les ouvriers de la Grande-Bretagne venaient s'approvisionner aux magasins coopératifs, c'est par centaines de millions que se calculeraient les économies réalisées par eux chaque année.

Après avoir défini ce que sont les sociétés coopératives, et donné les statistiques de celles qui sont officiellement enregistrées, en indiquant les bases sur lesquelles elles fonctionnent en général, il reste maintenant à les envisager dans leurs manifestations collectives et leur groupement fédératif.

Les coopérateurs anglais ont ressenti de bonne heure le besoin de centraliser leurs efforts et d'identifier leurs intérêts. Ils ont pensé que si l'entente doit être complète entre les membres d'une même société, elle doit l'être aussi entre les sociétés. En premier lieu, il était nécessaire pour les diverses sociétés de consommation de s'entendre en vue de la création d'un centre général pour l'achat direct aux producteurs, et la revente au prix du gros, aux différentes associations, des marchandises détaillées par elles. Les achats s'effectuant au comptant et sur des quantités plus considérables, seraient faits à des conditions bien plus favorables que si chaque association continuait à agir séparément par l'entremise d'administrateurs souvent sans grande expérience des affaires.

Cet objet fut atteint en 1863, par la formation de la société coopérative de ventes en gros (« The wholesale cooperative society »), dont le siège est à Manchester. Les sociétés de consommation seules peuvent en être actionnaires, et chacune doit souscrire au moins une action de 125 fr. par *dix* des membres dont elle se compose. Si le nombre de ses membres s'accroît dans l'année, des actions nouvelles doivent être souscrites dans la même proportion. Il n'est besoin que de verser 1 fr. 25 c. par action en souscrivant, le reste est retenu sur les bénéfices qui reviennent à la société titulaire lors du règlement des écritures. Loin de refuser de vendre aux sociétés de consommation qui ne sont pas ses actionnaires, la « wholesale cooperative society » leur accorde au contraire, au prorata des achats qu'elles font chez elle, une participation dans les bénéfices, mais la somme qui leur est ainsi allouée est de moitié moindre que celle que touchent les sociétés actionnaires.

La « wholesale cooperative society » est administrée par 12 membres élus par l'assemblée générale qui se réunit à Manchester, quatre fois par an. Chaque société actionnaire y envoie un délégué pour 500 de ses membres ou fraction de 500 membres en sus.

Des succursales sont établies à Londres et à Newcastle, et il y a des agences à New-York, Liverpool, Cork, Limerick, Kilmallock, Tipperary, Waterford, Tralee, Armagh, Garston, Goole, Rouen et Calais.

Les transactions sont faites au comptant. Un intérêt de 5 p. 100 est alloué sur le capital-actions et les bénéfices sont ensuite divisés entre les sociétés actionnaires, au prorata des actions de chacune. Presque toutes les sociétés coopératives de consommation affectent une partie de leurs réserves en prêts à la « wholesale cooperative society ». Il leur est alloué un intérêt de 5 p. 100. Le total de ces dépôts était, au dernier bilan, d'environ dix millions de francs.

En dehors du négoce en gros, la « wholesale society » s'occupe d'opérations de banque. Son chiffre d'affaires sur ce seul chapitre est de plus de 200 millions de francs. Les bénéfices en résultant sont partagés entre les ayants compte. Elle a aussi une entreprise de transports par eau entre la France et l'Angleterre et un fonds d'assurances pour ses immeubles, ses navires et le fret des marchandises qui lui sont expédiées. Ce fonds d'assurances s'élevait au 31 décembre 1888 à £ 84,201, soit 2,105,025 fr. Enfin, elle possède une fabrique de biscuits à Lower Crumpall, deux manufactures de chaussures à Leicester et Heckmondwike qui produisent plus de 350,000 paires de chaussures par an ; une fabrique de savon à Durham et deux mines de houille, dont elle envoie en partie le produit en France sur son bateau le « Pionnier », qui fait un service régulier entre Garston, à 6 milles de Liverpool, et Rouen. Ce steamer rapporte de France des fruits, du beurre, du sucre, de la farine et des pommes de terre.

Au 31 décembre 1888, la « wholesale cooperative society » avait admis dans son sein un nombre de sociétés coopératives comprenant un total de 634,196 membres. Son capital à la même date était de £ 318,583, soit 7,964,275 fr. ; plus 1,278,725 fr. mis à la réserve, et 16,203,350 fr. de dépôts. Le chiffre de ses ventes avait atteint, pour l'année 1888, £ 6,200,074, soit 155,001,850 fr., et ses bénéfices nets s'élevaient à 2,062,250 fr.

On a calculé que si toutes les sociétés faisaient leurs achats à la « wholesale cooperative society », le montant de ses ventes atteindrait près d'un milliard de francs chaque année. Quels que soient les résultats acquis par cette association de gros, elle a certainement devant elle un vaste champ d'affaires à explorer, alors même que le nombre des sociétés coopératives en existence ne subirait aucun changement.

L'Écosse possède aussi, depuis 1868, sa société coopérative de ventes en gros formée sur les même bases que la société anglaise avec laquelle elle traite toujours au prix de revient. Son siège social est à Glasgow ; elle a des agences à Leith, Dundee et Kilmarnock. Au 31 décembre 1889 son capital-actions était de £ 453,835, soit 11,345,875 fr. Le nombre d'actions souscrites était de 102,646. Son chiffre de ventes a été en 1889 de £ 1,078,557, soit 26,863,825 fr., ayant produit 762,525 fr. de bénéfices nets.

La création des sociétés de ventes en gros eut pour résultat d'unir étroitement entre elles, dès l'origine, un assez grand

nombre d'associations distributives. C'est alors que l'on put
songer à mettre en pratique l'idée de réunir chaque année,
dans un but de propagande générale et d'entente commune,
les délégués de toutes les associations coopératives du
Royaume-Uni. Grâce à l'énergique initiative des sociétés
du Lancashire et du Yorkshire, le premier congrès coopératif
eut lieu à Londres en 1869. Soixante sociétés s'y étaient fait
représenter et un nombre égal avaient envoyé leurs adhésions.
Des délibérations de ce premier congrès est sortie l'organisation de l'Union coopérative de Manchester qui n'a pas cessé
de fonctionner depuis et qui est devenue la base du système
coopératif tout entier.

L'Union coopérative comprend toutes les sociétés qui se
font représenter au congrès. Elle a pour organe un comité
central exécutif élu chaque année par le congrès. Ce comité
se compose de 53 membres : 9 pour la section du centre ;
7 pour la section du Nord ; 11 pour la section du Nord-Ouest ;
9 pour la section de l'Ouest ; et 10 pour la section écossaise.
Il se réunit tous les trois mois à Manchester et nomme une
commission de permanence pour le remplacer dans l'intervalle des séances. Ses attributions principales consistent à
convoquer le congrès coopératif, à procéder au choix des
questions à lui soumettre et dont il devra faire faire une étude
approfondie par les hommes les plus compétents ; à recueillir
et à collectionner tous les renseignements de nature à développer les sociétés. Enfin il doit constamment agiter l'opinion
pour faire amender dans un sens plus favorable les lois sur
les associations et propager activement les principes de la
coopération par la presse, le livre et la parole, et veiller à ce
que des habitudes de véracité, de justice et d'économie soient
établies dans la production et dans l'échange.

Les membres du comité central appartenant à chacune des
sections : centre, nord, nord-ouest, sud, ouest et Écosse,
forment entre eux des comités autonomes en ce qui touche les
propres affaires de ces mêmes sections. Chacun de ces comités se réunit dans la ville la plus importante du district
auquel il appartient.

Les frais généraux du comité central de l'Union coopérative sont à la charge des sociétés représentées. Chacune d'elles doit verser à cet effet une cotisation annuelle de 0 fr. 20 c. par sociétaire.

D'après le bilan dressé en 1890 par les soins du comité central, à la suite du 22ᵉ congrès annuel des sociétés coopératives réuni à Glasgow les 26, 27 et 28 mai 1890, 1,621 associations font aujourd'hui partie de l'Union coopérative. Ce bilan présente les chiffres suivants :

Sociétés faisant partie de l'Union . .	1,621
Nombre des sociétaires	1,074,724
Capital et dépôts.	367,294,800ᶠ
Chiffre de ventes.	1,063,085,850
Fonds de réserve.	15,358,750
Sommes affectées à l'éducation . . .	648,675
Valeur des immeubles, mobilier, etc.	148,517,700
Bénéfices nets	94,800,500

La centralisation des efforts, effectuée au moyen de l'Union, a produit les résultats les plus encourageants. C'est à elle que l'on doit la création d'institutions telles que la compagnie coopérative d'assurance, la société du journal « The cooperative News », organe des associations, et les imprimeries coopératives du nord de l'Angleterre. On lui doit enfin les progrès remarquables accomplis par les coopérateurs anglais, progrès qui placent l'Angleterre au premier rang des pays étrangers en ce qui touche la coopération distributive[1].

L'exemple que donne la population ouvrière anglaise, chez qui l'on rencontre tant d'esprit de justice, tant de solidarité et de persévérance opiniâtre, semble bon à suivre. On a pu dire que « nulle forme d'association ne prouve plus en faveur du progrès moral et intellectuel des ouvriers anglais que la société coopérative. Ce sont les travailleurs eux-mêmes qui

---

1. V. Sur le même sujet *Bulletin de la Société de législation comparée*, mars 1891, p. 257 à 264.

ont mûri le plan du système en vigueur et l'ont avec le temps fait passer de la théorie dans la pratique. »

On a vu ci-dessus que les sociétés de production n'avaient pas pris le même développement. « Il est naturel, a dit lord Derby dans un discours qui eut un certain retentissement, « que le travailleur éprouve le désir de se sentir le co-pro-« priétaire d'un atelier, d'un moulin ou autre établissement « dans lequel il passe ses jours ; c'est justement parce que le « système de coopération qui est mis à l'épreuve depuis quel-« que temps, répond à ce désir naturel, que nous devons « souhaiter de le voir se développer. Ce serait le plus sûr et le « meilleur moyen de mettre un terme à l'antagonisme entre « le capital et le travail, dont on entend parler si souvent et « qui existe sans doute à un certain degré. Il est évident « qu'un résultat semblable ne peut être réalisé en un jour ; il « est même probable que le principe ne pourrait être appliqué « en aucune mesure, à certaines industries ou à certains « genres d'affaires, mais c'est néanmoins dans ce sens que « tendent les efforts des meilleurs ouvriers et des penseurs « les plus sérieux. Il ne faut pas se désespérer parce qu'on ne « met pas tout de suite la main sur la mesure la plus utile à « prendre. La diffusion de l'instruction aidera certainement « la classe ouvrière à surmonter les difficultés qui entourent « l'organisation coopérative ; et si dans l'avenir elle reçoit « une instruction supérieure à l'instruction élémentaire, elle « verra ses forces se développer dans ce sens. »

PARTICIPATION AUX BÉNÉFICES

Les associations du système Leclaire n'existent pas en Angleterre, bien que l'on ait essayé d'en établir. Les efforts qui ont été faits dans certaines branches de l'industrie pour introduire le principe de la participation aux bénéfices, ont peu réussi. Dans les usines à gaz du sud de Londres (« South metropolitan gasworks »), les ouvriers ont résisté, il n'y a que quelques mois, à toute tentative de cette nature.

Il existe quelques établissements où les ouvriers sont encouragés à placer une portion de leurs salaires dans l'industrie pour laquelle ils travaillent, mais dans ce cas, sauf de très rares exceptions, ils restent complètement étrangers à l'administration.

CONFLITS ENTRE PATRONS ET OUVRIERS

MOYENS EMPLOYÉS POUR LES PRÉVENIR

ET POUR Y METTRE FIN

Il y a deux moyens de mettre fin aux différends qui se produisent entre patrons et ouvriers : la conciliation et l'arbitrage.

Les comités de conciliation (« Boards of conciliation ») sont composés de patrons et d'ouvriers appartenant à des industries spéciales. Les « Boards of conciliation » les plus connus sont : le « Comité d'arbitrage et de conciliation du nord de l'Angleterre pour les fonderies et aciéries » ; le « Comité des salaires du centre » ; les Comités réunis des propriétaires de mines et des mineurs des comtés de Durham, Northumberland et autres districts. Ces comités ont eu un succès réel. En dix-sept ans, 800 conflits ont été réglés dans l'industrie du fer, sans avoir été portés devant les comités d'arbitrage. Une trentaine de cas seulement ne purent être résolus par voie de « conciliation » et furent soumis au comité d'arbitrage. Dans les mines de charbon du comté de Durham, les conflits atteignent tous les ans le chiffre de 400 à 600. En quatre années on en a compté jusqu'à 2,074, dont 122 donnèrent lieu à « conciliation » ; 30 seulement furent soumis à « l'arbitrage ». Dans le comté de Northumberland, sur 3,000 questions entraînant conflit entre patrons et ouvriers, depuis 1870, très peu ont dû être réglées par voie d'arbitrage.

Lorsque la « conciliation » n'a pu réussir, c'est à l'arbitrage que l'on a recours. Aux termes d'une loi de 1872, patrons et ouvriers peuvent convenir de déférer le règlement des difficultés qui peuvent se produire entre eux à l'arbitrage d'une ou plusieurs personnes ou d'un comité ou bureau désigné à l'avance. Il est bien rare que la décision des « Boards of arbitration » ne soit pas acceptée. Le comité d'arbitrage est semi-judiciaire.

Des conflits très graves dans plusieurs industries ont été réglés par des arbitres bien connus : lord Brassey, lord Herschell, M. Mundella, membres du Parlement ; M. David Dale, le juge Hughes, le juge Kettle, lord Derby et dernièrement le cardinal Manning, à l'occasion de la grève des ouvriers des docks.

LES GRÈVES, LEURS CAUSES ET LEURS EFFETS

Les causes qui occasionnent les grèves sont nombreuses.
Les principales sont les suivantes :

1° Le taux trop peu élevé des salaires ;

2° L'augmentation des heures de travail ;

3° Le recours systématique par les patrons aux heures supplémentaires et au travail de nuit ;

4° Les difficultés relatives à la réglementation de l'apprentissage et à la limitation du nombre des apprentis proportionnellement au nombre des ouvriers employés ;

5° L'emploi du travail à la pièce dans certaines branches d'industrie ;

6° L'attitude d'un surveillant, d'un contremaître, d'un chef d'atelier, ou de toute autre personne préposée par le patron.

On peut dire, d'une manière générale, que la réussite ou l'insuccès des grèves qui ont pour but une augmentation de salaires, dépendent presque toujours des conditions plus ou moins favorables de la production.

Les grèves ayant pour objet la réduction des heures de travail sont celles qui sont soutenues avec le plus d'opiniâtreté. C'est après un conflit qui a duré plusieurs semaines que les ouvriers du bâtiment et les constructeurs de machines ont obtenu la réduction de leur journée de travail à neuf heures. Les mineurs de Durham et du Northumberland ont 'obtenu la réduction à huit heures de travail et même moins, grâce à leur « Union ». Les ouvriers gaziers ont obtenu par ce même moyen la réduction à huit heures.

Dans les métiers où les ouvriers ne sont pas organisés en syndicats, la durée du travail est plus longue et plus irrégulière. Si les grèves dont le but est d'amener les patrons à ne plus exiger d'heures supplémentaires n'aboutissent pas toujours, les « Unions » sont du moins parvenues à obtenir un salaire spécial pour les heures supplémentaires.

D'autre part, les grèves contre l'apprentissage sont presque toujours sans résultat, les grèves contre l'emploi des machines n'ont jamais réussi, et celles qui visent les personnes préposées par le patron demeurent généralement sans effet. Enfin les grèves contre l'emploi des ouvriers ne faisant pas partie des « Trades Unions » ont été fréquentes, mais, dans la plupart des cas, elles ont échoué [1].

---

1. En ce qui concerne les grèves, voir en outre, p. 35, le chapitre intitulé : *les Trades Unions*, et ci-après, p. 94. Le plus récent document officiel est intitulé : *Report on the strikes and lock-outs of 1889 by the Labour correspondent to the board of trade.* Il en résulte que 1,145 grèves ont été constatées dans le Royaume-Uni, en 1889 (71 p. 100 en Angleterre, 4.6 p. 100 dans le pays de Galles, 21.5 p. 100 en Écosse et 2.9 p. 100 en Irlande). Sur 100 grèves, 41.6 p. 100 réussirent entièrement, 32.1 p. 100 partiellement, 18.1 p. 100 aboutirent à un insuccès complet ; les résultats de 8.2 p. 100 n'ont pu être vérifiés.

INTERVENTION DES POUVOIRS PUBLICS

DANS LE CONTRAT DE TRAVAIL

Jusqu'à une époque toute récente, les pouvoirs publics laissaient aux entrepreneurs la liberté de régler avec leurs ouvriers les conditions dans lesquelles devaient être exécutés les travaux publics. Le travail était concédé à celui qui l'entreprenait au plus bas prix, exactement comme l'aurait fait un particulier, un patron quelconque.

Dans ces dernières années, l'État, les municipalités, les corps locaux constitués ont commencé à payer les salaires les plus élevés pour la plus courte journée de travail compatible avec le genre de travail à accomplir.

Le « London school Board » (Conseil scolaire de Londres) et le « London County Council » (qui correspond au conseil général de la Seine) ont décidé que dans tous les contrats qui seraient passés par eux ils stipuleraient le taux des salaires fixé par les « Trades Unions » et la durée maximum de la journée de travail arrêtée par ces associations ouvrières. Lorsqu'un travail est fait pour le compte d'un pouvoir public, d'un corps constitué, il est défendu, en outre, de faire des sous-contrats, sauf dans des cas de force majeure, afin d'empêcher les abus (sweating) [1].

On fait des efforts dans le sens de l'adoption de règles semblables pour tous les contrats passés par le Gouvernement.

---

1. V. ci-après, p. 132.

PROTECTION DES FEMMES ET DES ENFANTS

La législation britannique relative aux fabriques a eu pour principal objet la protection à accorder aux femmes et aux enfants. Est considéré comme enfant (« child ») celui qui n'a pas encore atteint l'âge de 14 ans. Le terme « Young persons » (jeunes gens), qui a été introduit dans la loi à une époque assez récente, se rapporte aux ouvriers des deux sexes qui ne sont plus des enfants, mais qui cependant n'ont pas encore atteint l'âge de la maturité ; ce sont ceux qui ont plus de 14 ans et moins de 18 ans. L'expression femme (« woman ») s'applique à l'ouvrière âgée de 18 ans et au-dessus.

Le premier acte du Parlement relatif aux fabriques (« factories ») avait uniquement rapport à la santé et à la moralité des travailleurs employés dans les fabriques de coton, etc. Cet acte est de 1801 (42 George III, c. 73) ; il fut étendu et amendé en 1819, 1825, 1831, 1833, 1834, 1844, 1845, 1846 et 1847, de manière à comprendre toutes les branches de l'industrie textile et autres industries du même genre. En 1847, le Parlement vota le bill des dix heures de travail ; en 1850, 1853, 1856, de nouveaux statuts furent adoptés. En 1860, la législation s'étendit aux ateliers de blanchiment ; en 1861, aux fabriques de dentelles ; en 1862, le travail de nuit fut interdit. Des actes postérieurs étendirent la législation à d'autres industries.

Ce n'est qu'en 1878 que la législation fut refondue en entier sous la forme d'une loi unique, intitulée « Factory and workshop act[1] ». Puis vinrent le « Factory and workshop act » de 1883 (46 et 47 Victoria c. 53), concernant certains métiers insalubres, et le « Shop hours regulation act » de 1886, destiné à limiter les heures de travail des enfants et des jeunes gens dans les boutiques (49 et 50 Victoria c. 55).

La première partie de l'acte de 1878 contient la législation générale relative aux fabriques et ateliers ; dans sa première section, elle traite des conditions sanitaires requises, des devoirs et pouvoirs des inspecteurs ; la deuxième section se rapporte aux précautions à prendre pour prévenir les accidents.

La section III s'occupe des heures de travail des enfants, des jeunes gens et des femmes, ainsi que du temps accordé pour le repas.

Art. 11. — Les jeunes gens et les femmes *dans les fabriques de textiles* seront soumis aux règlements suivants : Les heures de travail, à l'exception du dimanche, seront de 6 heures du matin à 6 heures du soir ou de 7 heures du matin à 7 heures du soir. Le travail du samedi commencera à 6 heures ou 7 heures du matin, et finira, suivant les cas, à midi et demi, 1 heure, 1 heure et demie ou 2 heures.

Tous les jours, excepté le samedi, deux heures seront réservées aux repas, dont une heure au moins, en une seule ou plusieurs fois, sera prise avant 3 heures de l'après-midi ; le samedi il sera donné au moins une demi-heure pour le repas.

En règle générale, du reste, les jeunes gens et les femmes ne doivent pas travailler plus de quatre heures et demie consécutives sans un intervalle d'une demi-heure pour prendre de la nourriture.

L'article 12 de la section III règle le travail des enfants dans les fabriques de textiles : Les enfants ne pourront être employés que dans la matinée *ou* dans l'après-midi ; ou bien

---

1. V. la traduction de cette loi dans l'*Annuaire de législation étrangère* publié par la Société de législation comparée, année 1879, p. 15 à 45, avec notice.

en alternant un jour; ils ne pourront travailler dans la matinée, tous les jours excepté le samedi, que de 6 ou 7 heures du matin jusqu'à 1 heure de l'après-midi, ou moins si l'heure du repas est fixée avant 1 heure. Dans l'après-midi, ils pourront travailler tous les jours excepté le samedi, depuis l'heure du repas jusqu'à l'heure où les jeunes gens doivent cesser le travail.

Il est interdit de faire travailler un enfant pendant deux périodes successives de sept matinées, ou de sept après-midi, ni pendant deux samedis successifs, dans le cas où pendant un jour quelconque de la même semaine il a travaillé plus de cinq heures et demie.

De même que les jeunes gens et les femmes, l'enfant ne doit pas travailler plus de quatre heures et demie consécutives sans avoir une demi-heure pour prendre repos et nourriture.

L'article 13 détermine le travail des jeunes gens et des femmes *dans les fabriques autres que celles de textiles,* et des jeunes gens dans les ateliers. L'article 14 porte que les enfants ne doivent travailler dans les fabriques autres que celles de textiles et dans les ateliers, que le matin ou l'après-midi, ou bien de deux jours l'un. Il est défendu d'employer un enfant au travail du matin ou de l'après-midi pendant deux périodes de sept jours de suite ; ni le samedi de la semaine pendant laquelle il aurait travaillé pendant une journée. Lorsqu'on fait travailler un enfant de deux jours l'un, voici les règles établies : le travail de l'enfant commence, excepté le samedi, à 6 ou 7 heures du matin, pour finir à 6 ou 7 heures du soir. Le samedi, le travail commence à 6 ou 7 heures du matin et prend fin à 2 heures de l'après-midi. Il sera accordé à l'enfant deux heures pour ses repas de tous les jours, et une heure et demie le samedi. Il est interdit d'employer l'enfant à un travail quelconque pendant deux jours consécutifs, et d'une manière générale il est interdit de faire travailler un enfant pendant plus de cinq heures de suite, sans lui donner une demi-heure pour se reposer et prendre de la nourriture.

Dans les ateliers où l'on emploie des jeunes gens et des

enfants, les femmes sont soumises aux mêmes règles que les jeunes gens.

Dans les ateliers où l'on n'emploie ni jeunes gens ni enfants, les femmes peuvent travailler de 6 heures du matin à 9 heures du soir; le samedi elles travaillent de 6 heures du matin à 4 heures de l'après-midi. Il est prescrit dans ce cas d'accorder à la femme quatre heures et demie tous les jours et deux heures et demie le samedi, pour interrompre son travail et prendre ses repas (art. 15).

En ce qui concerne le travail à domicile dans un atelier où travaillent les membres d'une même famille, et où il n'est fait usage d'aucun moteur mécanique, les règles établies sont les suivantes : les jeunes gens, à l'exception du samedi, commencent leur travail journalier à 6 heures du matin et le terminent à 9 heures du soir. Le samedi, le travail commence à 6 heures du matin et finit à 4 heures de l'après-midi. Pour les repas et les sorties il est accordé quatre heures et demie tous les jours de la semaine et deux heures et demie le samedi. Dans ces mêmes ateliers, l'enfant travaille le matin ou bien l'après-midi; si c'est le matin, il commence son travail à 6 heures du matin pour le terminer à 1 heure de l'après-midi; l'après-midi, il le commence à 1 heure et finit à 8 heures du soir, et le samedi à 4 heures de l'après-midi. Il est prescrit, en outre, de ne pas employer l'enfant de la même manière pendant deux périodes consécutives de sept jours; ni pendant plus de cinq heures de suite, sans une interruption d'une demi-heure (art. 16).

L'heure des repas doit être la même pour tous les enfants, jeunes gens ou femmes, qui travaillent dans un même atelier ou fabrique. Il est, en outre, interdit de prendre un repas dans l'atelier, la chambre où l'ouvrier opère son travail. (art. 17).

Les femmes, jeunes gens ou enfants, employés dans une fabrique non textile, qui ne travaillent que huit heures par jour, peuvent travailler ce même nombre d'heures également le samedi (art. 18).

Enfin, il est interdit de faire travailler un enfant au-dessous de 10 ans (art. 20), et, sauf les cas prévus par la loi, d'employer à aucun travail du dimanche les femmes, jeunes gens ou enfants (art. 21).

Le patron doit accorder aux femmes, jeunes gens et enfants huit demi-journées par an (ou un jour entier pour deux demi-journées), et la moitié au moins de ces jours de chômage doivent être pris entre le 15 mai et le 1er octobre de chaque année.

En cas de contravention à cette prescription, le patron pourra être condamné à une amende de 125 fr. au plus (art. 22).

Instruction des enfants employés dans une fabrique ou un atelier. L'enfant qui travaille dans la matinée, ou bien dans l'après-midi, doit aller à l'école chaque jour de travail. Si l'enfant est au travail de deux jours l'un, il doit aller à l'école, au moins deux fois, la veille du jour où il doit travailler à la fabrique ou à l'atelier. La durée d'une présence à l'école est fixée par le département de l'instruction et doit avoir lieu entre 8 heures du matin et 6 heures du soir. Il est d'ailleurs entendu que l'enfant ne paraîtra à l'école ni le samedi, ni pendant aucun des jours ou demi-jours établis comme fériés dans l'atelier ou la fabrique où il travaille. L'enfant ne peut manquer l'école qu'en cas de maladie ou de force majeure. Si c'est par sa faute, il lui sera interdit de se rendre au travail de l'atelier avant d'avoir pris à l'école les heures de leçons qu'il a manquées. Quand un enfant travaille dans un atelier ou une fabrique, le patron doit être en mesure de produire à l'inspecteur des fabriques, un certificat du maître d'école établissant que l'enfant a suivi les heures de leçon réglementaires. Sur une demande adressée par une école autorisée au patron, celui-ci ne peut pas refuser de payer, pour l'enfant employé par lui et pendant tout le temps qu'il l'emploie, une indemnité scolaire qui ne peut pas dépasser 0 fr. 30 c. par semaine, ou un douzième des salaires de l'enfant. Le patron peut se rembourser au moyen de retenues sur les salaires de l'enfant. Les enfants âgés de 13 ans qui ont obtenu un certificat d'aptitude en ce qui concerne l'écriture, la lecture et l'arithmétique, sont considérés comme « jeunes gens».

Les patrons doivent se procurer des certificats médicaux attestant que les enfants ou jeunes gens âgés de moins de 16 ans, qu'ils emploient dans leurs fabriques ou leurs ateliers, sont en état d'entreprendre et de supporter le travail qu'ils ont à faire. L'enfant doit être visité et obtenir un certificat avant de passer dans la catégorie des « jeunes gens », c'est-à-dire à 13 ans.

Lorsque dans une fabrique ou un atelier, un accident aura causé la mort ou des blessures, avis en sera donné immédiatement à l'inspecteur et au médecin du district, en indiquant la demeure du mort ou du blessé ou l'endroit où il a été transporté. Faute d'avis, le patron est passible d'une amende n'excédant pas 125 fr. (art. 31).

L'article 38 contient des restrictions à l'emploi des jeunes gens et des enfants pour certaines fabrications ou dans certains ateliers ; par exemple : pour l'étamage des miroirs par le mercure ; la fabrication du blanc de plomb ; la fusion et la recuite du verre ; la briqueterie ; les salines ; les ateliers de dressage de métaux, de soufrage des allumettes.

Le patron israélite peut employer pendant la journée du dimanche les jeunes gens ou femmes de la religion juive, n'ayant pas travaillé le samedi soir, ou pendant une heure supplémentaire pendant un jour quelconque de la semaine (art. 50).

D'après les dispositions de l'article 56, les femmes peuvent être employées pendant 14 heures, à condition : 1° d'avoir deux heures pour leur repas dont une demi-heure après 5 heures du soir ; 2° de ne pas travailler plus de cinq jours dans la même semaine et plus de 96 jours pendant une période de 12 mois.

Cette exception est concédée spécialement à certains établissements où l'on traite des produits qui se détériorent facilement, tels que les fabriques de conserves de fruits, de conserves de poisson et de lait condensé.

Les articles 58 et 59 admettent par exception et à de certaines conditions, l'emploi des jeunes gens du sexe masculin de 16 ans et au-dessus, pour le travail de nuit, dans les hauts fourneaux, les forges, les imprimeries et les papeteries.

Les jeunes gens (garçons) ne peuvent être employés dans les verreries que sous la condition que le nombre total des heures de travail ne dépassera pas 60 heures par semaine (art. 60).

La 3e partie de l'acte traite de la nomination et des traitements des inspecteurs des fabriques, de leurs pouvoirs ; des médecins pouvant fournir des certificats et du montant de leurs honoraires, etc. ; des amendes à infliger en cas de contravention à la loi ; de la juridiction et de la procédure à suivre.

C'est au ministère de l'intérieur qu'incombe le soin de veiller à ce que les prescriptions de cette loi soient exécutées. A cette fin, il emploie un inspecteur en chef à Londres, dont relèvent 5 inspecteurs dirigeants à Londres, Manchester, Glasgow et Leeds, et 48 sous-inspecteurs répandus en Angleterre et en Écosse. Ces inspecteurs visitent les fabriques quand ils le jugent nécessaire et ouvrent des enquêtes suivant les cas. Ils poursuivent judiciairement ceux qui contreviennent aux dispositions de l'acte.

L'inspecteur général reçoit un rapport hebdomadaire de ses inspecteurs et les réunit de temps à autre à Londres. En somme, ce service d'inspection est bien dirigé, et les inspecteurs des fabriques ont pris une grande influence. Les instructions qu'ils reçoivent leur prescrivent d'éviter le plus possible toute contestation entre le patron et l'ouvrier, d'amener la conciliation. Patrons et ouvriers sont d'accord pour dire que les inspecteurs s'acquittent de leurs fonctions avec tact et intelligence. Le travail d'inspection est considérable, car il s'étend à plus de 132,000 fabriques. Les inspecteurs sont sans cesse en voyage.

On peut dire que dans les grandes industries, tout ce qui touche à la santé et à la sécurité des ouvriers, au règlement des heures de travail, des heures de repas, de la présence des enfants à l'école, est très bien entendu et organisé ; mais dans beaucoup de petites fabriques il est nécessaire d'exercer un contrôle actif et continuel.

Les « Trades Unions » surveillent avec un grand intérêt l'exécution des règlements des fabriques et ateliers. Elles demandent l'augmentation du nombre des inspecteurs dont chacun actuellement est chargé de la surveillance d'environ 2,000 établissements. Les Unions demandent aussi que l'on choisisse un certain nombre d'inspecteurs parmi d'anciens ouvriers, comme cela a eu lieu dans quelques cas pendant les dernières années. On objecte qu'il est préférable que les inspecteurs, avant d'être nommés, n'aient pas été en contact avec les manufacturiers ou leurs ouvriers.

Relativement aux heures de travail et à l'envoi des enfants dans les écoles, l'acte de 1878 est bien observé. On ne peut pas en dire tout à fait autant relativement aux heures supplémentaires, mais l'inspection a porté son attention sur ce point et, tous les ans, elle poursuit judiciairement de 800 à 900 personnes ; le nom des patrons et la contravention commise par eux sont insérés dans les rapports de l'inspecteur général.

Mais en ce qui touche les ateliers domestiques, l'industrie à domicile, les prescriptions de l'acte sont demeurées lettre morte. Le contrôle des inspecteurs est difficile ; ils ne peuvent que de temps à autre sévir contre des cas particulièrement graves.

Un acte de 1842 a interdit l'emploi des femmes et des garçons de moins de 10 ans dans les mines. Plus tard, en 1872, un nouveau statut (35 et 36 Victoria c. 77) a interdit le travail des garçons dans les mines métalliques avant l'âge de 12 ans révolus.

Quant au « Factory and workshop act » de 1883, que nous avons cité ci-dessus, il contient quelques dispositions concernant les fabriques de blanc de plomb et les boulangeries [1].

---

1. V. *Annuaire de législation étrangère*, année 1884, p. 24.

Le « Shop hours regulation act » (49 et 50 Victoria c. 35, 1886), déjà cité également, dispose que : 1° les jeunes gens ne pourront être employés dans un magasin pendant plus de 74 heures par semaine y compris les heures de repas; 2° ceux qui auront déjà travaillé dans une fabrique ou un atelier ne pourront être employés le même jour dans un magasin que pendant un nombre d'heures égal à celui des heures de travail réglementaires qu'ils n'ont pas achevées dans la fabrique ou l'atelier[1].

Pour compléter la série des actes relatifs aux questions traitées dans le présent chapitre, il suffit de citer le « Cotton cloth factories act » de 1889 (52 et 53 Vict. c. 62), qui complète sur quelques points de détail le « Factory et workshop act » de 1878, et les « Canal boats acts » de 1877 et 1884, qui concernent l'instruction des enfants vivant à bord des bateaux et les conditions sanitaires qui doivent y être observées.

---

1. V. *Annuaire de législation étrangère*, année 1887, p. 78 (traduction de cette loi et notice).

ÉTABLISSEMENTS DANGEREUX OU INSALUBRES

Les actes du Parlement qui régissent cette matière sont : les lois sur les mines (v. ci-après, p. 105); celles concernant les fabriques et ateliers, que nous avons examinées dans le chapitre précédent à propos de la protection accordée aux femmes et aux enfants ; les lois relatives à l'explosion des chaudières (45 et 46 Victoria c. 22; 1882)[1], à la clôture des carrières (50 et 51 Victoria c. 19; 1887); les lois sanitaires, dites « Public health acts[2] », codifiées en 1875 (38 et 39 Victoria c. 55).

On peut dire d'une manière générale que les femmes et enfants surtout sont protégés d'une manière efficace par la législation en vigueur. Les prescriptions législatives sont sérieusement exécutées, leur application est assurée par voie d'inspection et autrement.

Il est défendu aux femmes et aux enfants de nettoyer une machine en marche.

La loi ne s'occupe des adultes du sexe masculin, qu'en ce qui concerne les ateliers insalubres et dans certains cas où les machines offrent du danger. Parmi les dispositions adoptées dans l'intérêt des ouvriers adultes nous citerons celles que contient l'acte de 1881 relatif aux fabriques de produits

---

1. V. *Annuaire de législation étrangère*, année 1883, p. 18.

2. V. *Annuaire de législation étrangère*, année 1876, p. 26 à 105 (traduction de cette loi et notice).

chimiques (« Alkali, etc., works regulation act » 44 et 45 Victoria c. 37 ; voir à ce sujet le 26e rapport annuel de l'inspecteur en chef des fabriques de produits chimiques). Cet acte prescrit de condenser autant que possible les gaz nuisibles ; de prendre les mesures les plus pratiques pour empêcher la fuite de ces gaz, etc. La surveillance de ces fabriques est confiée à des inspecteurs appartenant au comité du gouvernement local (« Local Government Board »). Si l'on visite les grands établissements de produits chimiques de Glasgow, de Newcastle ou Tyne, de Runcorn, près de Liverpool, etc.., on constatera quelle influence l'acte en question a exercée sur les procédés techniques de cette fabrication, combien il a stimulé l'esprit d'invention, et quels grands changements il a apportés dans les conditions hygiéniques du travail en ce qui concerne cette branche dangereuse de l'industrie. C'est à lord Ashley, plus tard duc de Shaftesbury, que l'on doit en grande partie les progrès réalisés dans la législation des fabriques dangereuses ou insalubres. Comme on le verra dans le chapitre relatif aux mines, c'est également lord Ashley qui a été le promoteur des mesures de protection adoptées en faveur des mineurs.

Il reste à mentionner dans le présent chapitre, l'acte du Parlement intitulé « Pollution of rivers » (39 et 40 Victoria c. 75 ; 1876), qui se rapporte à l'écoulement des matières solides ou liquides provenant des fabriques ou des mines, et déversé dans un cours d'eau ou une rivière[1].

Les établissements insalubres d'Irlande sont régis par une loi spéciale de 1878 (41 et 42 Victoria c. 52).

---

1. V. la traduction de cette loi dans l'*Annuaire de législation étrangère,* année 1877, p. 26 à 34.

RESPONSABILITÉ DES PATRONS EN CAS D'ACCIDENTS

Lorsque la question de la responsabilité des patrons en cas d'accidents survenus à leurs ouvriers ou employés pendant le cours de leur travail fut portée devant le Parlement, l'on craignait, d'une manière générale, que la loi, telle qu'elle était proposée, n'amenât la ruine des patrons. Il paraissait inopportun d'augmenter les charges et la responsabilité de ces derniers. C'est à ce point de vue que se plaça la Chambre des lords lorsque, faisant ressortir les risques considérables que courraient les industriels, elle ne consentit à adopter qu'un acte temporaire dont la durée était limitée à une période de sept années. Cet acte a été assez longtemps en vigueur pour que l'on puisse juger de ses effets. On peut dire qu'il a été appliqué sans difficulté sérieuse et sans trop peser sur le capital, si bien qu'aujourd'hui on se demande si les patrons eux-mêmes songeraient à tenter un effort dans le but de faire rapporter la loi qui les rend responsables. La législation actuelle a eu d'ailleurs pour résultat de réduire le nombre des accidents d'une manière très appréciable, dans presque toutes les branches de l'industrie.

Ce sont les ouvriers des mines qui, les premiers, commencèrent le mouvement en faveur de l'extension à donner à la responsabilité des patrons en cas d'accidents survenus à leurs ouvriers pendant le travail. Les mineurs firent les frais de la campagne entreprise dans ce sens, jusqu'en 1869 ou 1870, avec l'appui de leur mandataire, M. Alexander Macdonald, membre de la Chambre des communes pour le comté de Stafford. Lorsque le comité parlementaire du congrès des « Trades Unions » fut constitué, les services rendus jusqu'alors uniquement par l'association des mineurs, rentrèrent dans les attributions de ce comité, qui se mit immédiatement à la besogne. Un bill fut élaboré et présenté au Parlement. Ce bill avait pour base celui qui avait été préparé précédemment par l' « Association nationale des mineurs ». Le mouvement d'agitation continua sans relâche, jusqu'à l'adoption de l'acte de 1880, sur la responsabilité des patrons (« Employers liability act »).

Déjà le Parlement avait voté, en 1846, le « Lord Campbell's act ». L'auteur de cette loi s'était proposé de réglementer les divers cas de responsabilité des patrons en matière d'accidents, mais ce but ne fut pas atteint. D'après le droit commun, tout individu pouvait demander réparation à quiconque lui avait, par sa négligence, occasionné une blessure. Seuls les *ouvriers* s'étaient vu refuser ce droit d'action en dommages par une décision judiciaire de la Chambre des lords, fondée sur la doctrine connue sous le nom de « Doctrine of common employment », d'après laquelle il n'était pas dû de réparation pour la blessure reçue par un *ouvrier* employé au même travail que la personne (ouvrier ou agent) qui la lui avait occasionnée. Contre cet état de choses le « Lord Campbell's act » était demeuré impuissant : c'est ce qui a motivé l'adoption de l' « Employers liability act » de 1880.

Cette dernière loi accorde aux ouvriers et employés le droit d'actionner leur patron conformément au droit commun, en cas d'accidents ou blessures subis pendant leur travail, par suite de la négligence du patron ou de ceux qu'il emploie. Elle organise une procédure sommaire à cet effet, limite le montant des dommages et décide en outre que, dans le cas où le blessé a contribué lui-même, par sa propre négligence, à l'accident qu'il a subi, le patron sera déchargé de toute responsabilité.

Les patrons (« employers ») ont d'ailleurs la possibilité de se soustraire aux effets de cette loi en amenant leurs ouvriers à renoncer par contrat au bénéfice des dispositions qu'elle renferme. Une proposition de loi, présentée en 1882 et connue sous le nom d' « amendment bill », déclarait illégal tout contrat qui serait passé entre patron et ouvrier dans le but d'éluder les dispositions de l' « Employers liability act », mais elle n'a pas encore été votée.

Quels que soient les avantages résultant de la législation actuelle, on estime généralement que les ouvriers doivent faire le possible pour arriver à un arrangement amiable avec leurs patrons, au lieu de porter leurs plaintes devant un tribunal. Les frais du litige, même en cas de gain de cause, peuvent en effet absorber la presque totalité des dommages alloués. Les mêmes conseils peuvent être donnés au patron, car il arrive parfois que les frais de justice dépassent sensiblement le total des dommages réclamés.

L'article 3 de l' « Employers liability act » détermine que la somme qui peut être allouée à un ouvrier, à titre de dommages en cas d'accident survenu pendant son travail par suite de la négligence de son patron, ne pourra excéder le montant des salaires qui auraient été gagnés, pendant les trois années qui ont précédé l'accident, par une personne employée au même travail et dans le district où l'ouvrier blessé est employé.

L'article 4 a donné lieu à des plaintes. Il établit que : « L'action en dommages ne peut être soutenue, en cas de blessure, qu'à la condition que l'avis de l'accident aura été « notifié dans les six semaines qui suivront l'accident, et « que l'action sera commencée dans les six mois, ou, en cas « de mort, dans les douze mois qui suivront le décès. »

Il est fait toutefois exception à cette règle en cas de mort, si l'omission de la notification est excusable et n'est pas de nature à porter atteinte à l'exercice du droit d'action en dommages. Mais c'est seulement en cas de mort que le magistrat peut décider si le défaut de notification est suffisant pour empêcher l'action en dommages.

L'avis de l'accident (« notice of injury ») que l'ouvrier est tenu de déposer ou de faire déposer dans les six semaines qui suivent cet accident, doit contenir des détails exacts et minutieux, car c'est là le point le plus important de la procédure. Cette pièce doit indiquer la date du jour où elle a été remise ; les noms, prénoms et adresse de la personne réclamante ; la date de l'accident ; l'indication sommaire de la cause de la blessure ou de l'accident ; l'endroit où l'accident a eu lieu. Cette déclaration doit être signée par l'ouvrier blessé ou par celui qui le représente légalement.

Il faut noter que l' « Employers liability act » confère uniquement aux ouvriers les droits qui appartenaient à tout individu non ouvrier avant l'année 1880 ; c'est-à-dire que l'ouvrier peut seulement soutenir une action en dommages dans les cas et conditions où cette même action serait intentée par une personne qui ne serait pas un ouvrier. Ce n'est donc pas une législation spéciale aux ouvriers ; la loi de 1880 a simplement conféré aux ouvriers les droits dont le public en général jouissait précédemment et dont les ouvriers avaient été privés, comme il a été dit plus haut, par une décision de la Chambre des lords. L'effet de la loi a été de mettre fin à la doctrine du « Common employment ».

Une énumération sommaire de quelques défenses pouvant être opposées par le défendeur permettra de se rendre compte du fonctionnement de l'acte que nous examinons, et du degré de responsabilité qui incombe aux patrons :

1° Un patron n'est pas responsable de la maladresse volontaire de son ouvrier. Il peut par conséquent plaider que l'action causant la blessure a été le fait volontaire de son employé. Dans ce cas, la victime ne peut soutenir son action que contre celui de ses compagnons de travail qui a causé l'accident.

2° Si la blessure a été causée à un ouvrier agissant en dehors de la sphère appropriée à son travail, le patron ne doit pas être tenu pour responsable ; il n'a qu'à faire valoir que son ouvrier n'agissait pas dans la sphère de son travail quand l'accident est survenu.

3° Si un patron a pris toutes les mesures raisonnables en

son pouvoir pour empêcher un accident, a mis en œuvre tous les soins désirables, prudence, prévoyance et habileté, en ce qui concerne la cause spécifique de l'accident, il ne sera pas responsable ; il peut plaider que l'accident était inévitable. La simple omission d'une précaution qui, d'après les circonstances ultérieures, eût pu être prise si l'événement lui-même avait pu être prévu, n'est pas suffisante pour rendre le patron responsable de l'accident. Dans ce cas, l'accident est considéré comme inévitable.

4° Si un ouvrier est blessé dans un accident, alors qu'il n'effectue aucun travail pour le compte de son patron, ou qu'il occupe une place où il ne devait pas se trouver et où il n'avait pas de raison d'être pendant le cours de son travail, où il se trouvait pour sa convenance personnelle, le patron peut plaider que le demandeur était en contravention, ou bien qu'il avait simplement la permission de se trouver à l'endroit où l'accident a eu lieu.

5° Un patron n'est en rien responsable si la personne blessée a « contribué » à sa blessure par son propre fait et si ce fait a été la cause immédiate de l'accident. Le patron devra alors plaider que l'ouvrier a été lui-même coupable d'une « négligence contributive ». Cette *défense* est importante et se trouve employée dans la plupart des cas. Il peut y avoir « négligence contributive » quand la personne blessée a fait quelque chose qu'elle n'avait pas à faire et qui a occasionné l'accident, ou bien que la personne a omis de faire certaine chose qui, si elle avait été faite, eût empêché l'accident de se produire. La défense dans ce cas consiste à soutenir que la personne blessée aurait pu éviter l'accident et la blessure qui en a été le résultat si elle avait apporté une attention raisonnable à son travail. Les deux mots qui expriment peut-être le mieux la portée de la loi sur ce point, sont : négligence « volontaire » et négligence « coupable ». Mais, c'est au défendeur à fournir les preuves, et il doit établir que la prétendue « négligence contributive » était réelle et qu'elle a occasionné l'accident qui a causé la blessure ou qu'elle y a matériellement contribué.

TRAVAIL DU DIMANCHE

Le travail du dimanche est condamné en Angleterre pour motifs religieux, sanitaires et sociaux.

Les ouvriers élèvent eux-mêmes des difficultés contre le travail du dimanche en exigeant au moins un double salaire, le plus souvent deux fois et demie leur salaire d'un jour de semaine ; dans d'autres cas, ils se font allouer une gratification proportionnelle à l'ouvrage accompli.

Aucun atelier ou fabrique n'est ouvert le dimanche, si ce n'est de rares ateliers de juifs qui chôment le jour du sabbat.

Les ouvriers employés dans les fonderies ou les aciéries ont souvent à commencer leur travail le dimanche soir ; depuis quelque temps, ils s'efforcent de faire disparaître cet usage ou du moins de le restreindre.

Ce sont les employés de chemins de fer qui ont le plus souvent à travailler le dimanche, mais on cherche à réduire au minimum le nombre de ceux qui ne chôment pas.

Le service de la poste ne fonctionne pas à Londres ; il en est de même dans les grandes villes et dans certains districts ; à la campagne, il y a une distribution de lettres le matin et une levée le soir. En Écosse, on peut aller prendre sa correspondance au Bureau central (chief office) avant 10 heures du matin.

L'interdiction légale du travail du dimanche remonte à un acte ancien, datant du règne de Charles II. Cette loi est d'ailleurs rarement appliquée. C'est le sentiment public qui impose l'arrêt complet du travail pendant le septième jour de la semaine.

L'opinion est au contraire divisée quant au mode d'emploi des loisirs résultant de la cessation du travail. Des divertissements du dimanche sont exclus le jeu du cricket, celui du ballon, etc. Mais n'y aurait-il pas lieu d'ouvrir les musées et quelques théâtres? Cette question n'est pas encore à la veille d'être réglée, bien qu'un grand nombre d'esprits soient d'avis qu'il conviendrait d'admettre les masses à visiter, le dimanche, des établissements publics où elles ne peuvent se rendre dans la semaine et qui pourraient contribuer au développement de leur moralité et de leur instruction.

SALAIRES. LEUR FIXATION ET PAIEMENT

DURÉE DE LA JOURNÉE DE TRAVAIL DES ADULTES

Les opinions varient beaucoup quant aux principes qui régissent la fixation des salaires, mais on pense généralement que les salaires se règlent d'après les variations de l'offre et de la demande.

Pendant la première moitié de ce siècle, le travailleur anglais ne recevait que de faibles salaires, il n'y avait pas de corrélation entre les salaires et le travail accompli. Quand le commerce allait mal, l'ouvrier, s'il n'était pas congédié, n'avait aucun moyen d'empêcher une réduction disproportionnée de ses salaires, et par contre, quand les affaires reprenaient, il ne lui était pas possible d'obtenir une augmentation de salaires en proportion avec le développement des transactions. Il semblait que les salaires dussent être perpétuellement fixés au minimum.

Mais, depuis 1840, il s'est produit à ce point de vue une grande amélioration dans les conditions de la classe ouvrière. La législation nouvelle, l'intérêt que le Gouvernement a pris dans le règlement des questions concernant le travail, l'union des travailleurs entre eux, ont réalisé de sérieux progrès.

L'usage exerce une grande influence sur la fixation des salaires. Le même genre de travail, fait par des ouvriers de même habileté, est payé un prix différent suivant la localité et les usages adoptés. C'est pour changer cet état de choses que les associations ouvrières sont intervenues en fixant pour chaque genre de travail un taux *minimum* de salaires. Le programme des « Trades Unions » en cette matière est d'obtenir, pour leurs adhérents et aussi pour les non-unionistes, un salaire proportionné au travail, ce que les ouvriers anglais appellent : *a fair day's wages for a fair day's work*, c'est-à-dire une paie raisonnable pour un travail raisonnable. Les « Trades Unions » ne fixent que le salaire minimum, mais si elles n'imposent pas l'uniformité des salaires d'un même métier, elles tendent en définitive à la réaliser.

Si l'on examine les salaires courants établis dans certains métiers, on remarquera combien le taux de ces salaires varie d'un district à un autre. Par exemple : les salaires des mécaniciens, membres de la Société réunie, qui est la plus nombreuse et la plus riche des Unions, variaient en 1877, par tout le Royaume-Uni, de 25 shillings environ à 45 shillings par semaine ; en 1889, la moyenne minimum était de 26 shillings à 35 shillings par semaine, le maximum de 42 à 45 shillings. Dans le Lancashire, en 1877, la moyenne était de 32 shillings ; elle était moindre dans le Yorkshire ; sur la Tyne le minimum était 29 shillings ; sur la Wear, à dix milles seulement plus au sud, le minimum était de 33 shillings. A Londres les salaires variaient de 36 à 45 shillings par semaine, parfois même davantage. Le taux des salaires des fondeurs de fer varie encore plus, bien que cette corporation soit très bien organisée ; les prix acceptés par elle, conformément à ses propres règlements, sont si nombreux qu'il serait difficile de les énumérer ; dans une seule ville ils varient de 24 à 45 shillings par semaine. Dans le « bâtiment » il y a un peu plus d'uniformité que dans la plupart des autres métiers. Dans la corporation des charpentiers il y a entre les salaires une différence de 5 à 7 shillings par semaine. D'après un compte rendu publié par l'union générale de ce corps de métier, le taux des salaires a varié de 21 shillings 6 pence à Lichfield, à £ 2 dans le district de Londres. Parmi les maçons il n'y a aucune uniformité, bien que les salaires minimum soient généralement fixés non seulement par l'usage de la localité, mais par règlements consacrés par le métier.

En 1888, d'après le rapport du « correspondant du travail » du ministère du commerce, les salaires ont varié dans certaines localités presque autant que pendant l'année 1877, le minimum étant néanmoins généralement plus élevé. Les salaires des maçons variaient de 24 shillings (30 fr.) par semaine à Lynn, à £ 2. 2. 4$^1/_2$ (52 fr. 95 c.) dans le district de Londres ; ceux des charpentiers de £ 1 à Penzance, à £ 2. 2. 4 $^1/_2$ à Londres. En Écosse, les salaires variaient encore plus. Les peintres recevaient de 6 pence $^1/_2$ à 8 pence $^1/_2$ (0 fr. 65 c. à 0 fr. 85 c. par heure) ; les tailleurs de pierre de 5 pence $^1/_2$ à 9 pence par heure (0 fr. 55 c. à 0 fr. 90 c.) ; les plombiers de £ 1.5 (31 fr. 25 c.) à £ 2.5 (56 fr. 25 c.) par semaine ; les ébénistes de £ 1.4 (30 fr.) à £ 2. 0.6 $^1/_2$ (50 fr. 65 c.) par semaine.

On peut évaluer à 30 p. 100 l'augmentation des salaires généraux en Angleterre dans les 30 dernières années.

Les patrons cherchent à fixer un maximum qu'ils ne veulent pas dépasser, tandis que les ouvriers s'efforcent de maintenir un minimum au-dessous duquel un ouvrier d'une habileté ordinaire dans le métier ne devra pas accepter du travail, s'il fait partie de l'union. Les associations ouvrières prétendent que ce taux est celui que le patron peut payer au travailleur, par suite du prix qu'il retire de l'article produit ; que c'est du reste le prix que doit recevoir l'ouvrier comme rémunération de son travail afin de pouvoir suffire à son existence et le dédommager du temps qu'il a consacré à apprendre son métier. Dans la pratique, c'est la moyenne entre le minimum fixé par les Trades Unions et le maximum établi par les patrons qui sert de base au taux ordinaire des salaires dans un district.

On pense ici d'une manière assez générale que la fluctuation des salaires est funeste également au travailleur et au patron. En effet, en ce qui concerne le premier, si, dans les temps de prospérité commerciale il reçoit des salaires élevés, il prend des habitudes qu'il ne pourra satisfaire quand

viendra la gêne, quelquefois la misère, par suite de la diminution des salaires, ou du manque de travail. Avec un taux
de salaires fixes, déterminant les prix du marché du travail,
l'ouvrier pourrait établir son budget, faire quelques économies.

La fluctuation des salaires est également très désavan-
tageuse pour les patrons : par exemple, lorsqu'ils font des
contrats pour l'exécution desquels un certain laps de temps
est nécessaire. Si le prix du travail est fixe, le patron peut
établir son prix de revient de même qu'il peut le faire pour
les matières premières qu'il emploie. On fait valoir, en outre,
que la fixité des salaires rendrait les grèves moins fréquentes.

Les unions sérieuses, anciennes, bien organisées s'oppo-
sent le plus possible à l'entrée en grève. Les unions de création récente, formées hâtivement en vue d'un but déterminé
et insuffisamment étudié, ne montrent pas la même prudence ;
de là l'insuccès assez fréquent de leurs grèves.

Les fondeurs de fer, dont l'association remonte à 1809, n'ont
pas eu de grève depuis 1852 ; leur association a réussi à maintenir leurs salaires à un taux assez élevé ; quant à la durée de
leur travail, elle est de 54 heures par semaine de six jours,
ou environ 9 heures par jour. En 1850, ils travaillaient de
59 heures et demie à 63 heures par semaine, avec un salaire
moyen de 23 shillings (28 fr. 75 c.), tandis qu'aujourd'hui
la moyenne des salaires est de 30 shillings (37 fr. 50 c.),
malgré la réduction du nombre d'heures de travail. Les mécaniciens ne sont pas non plus au nombre des ouvriers qui
ont fait grève très fréquemment. Depuis 1852, il ne s'est
produit parmi eux de grèves sérieuses qu'une douzaine de
fois, notamment à Newcastle en 1871, pour obtenir la fixation des neuf heures de travail. Dans d'autres occasions,
moins importantes, ils ont réclamé contre le travail à la
pièce et le travail supplémentaire. En 1851, les mécaniciens
travaillaient de 57 à 63 heures par semaine, et recevaient de
18 à 34 shillings (22 fr. 50 c. à 42 fr. 50 c.) ; actuellement, ils
ne travaillent dans tout le Royaume-Uni que 54 heures par
semaine et leurs salaires s'élèvent de 28 à 40 shillings

(35 à 50 fr.). Les charpentiers ont eu une grève assez prolongée à Manchester en 1876 ; leurs salaires, qui étaient à cette époque de 33 shillings par semaine (41 fr. 25 c.), ont atteint en 1889 le prix maximum de 42 shillings 6 pence (53 fr. 10 c.), et ils ne travaillent que 48 heures et demie au lieu de 52 heures par semaine en 1864.

Si on peut dire également que, pour la majorité des autres unions, les grèves sont devenues moins fréquentes, au fur et à mesure que les associations ont eu en leur pouvoir plus de moyens d'action, ce résultat semble prouver, d'autre part, que les associations ouvrières anglaises savent jusqu'où elles peuvent aller dans leurs revendications sans ébranler l'ordre économique et par conséquent gêner la production de leur pays à laquelle elles sont toutes intéressées. La plupart des ouvriers en Angleterre, tels qu'on les rencontre dans le Lancashire, le Yorkshire, Durham, et le Northumberland, sont laborieux, s'occupent de leur famille, prennent souci du temps où arrivent la maladie et la vieillesse, et ils ont peu de goût pour tout ce que l'on est convenu d'appeler les « idées socialistes ». Ils savent en général maintenir dans des limites raisonnables leurs revendications.

On entend souvent dire en Angleterre que le travail à la pièce est mal vu par les associations ouvrières et qu'elles s'efforcent de substituer à ce mode de travail, le paiement des salaires par jour, ou par semaine. Cette opinion n'est pas entièrement fondée. Il y a en effet des métiers où le travail à la pièce est de règle générale et où les ouvriers sont tout à fait opposés à l'adoption du travail à la journée ; dans toutes les branches de la confection par exemple, le paiement des salaires à la pièce est presque général, pour la simple raison qu'un ouvrier peut s'acquitter de sa tâche sans le secours d'un autre ouvrier. Dans l'imprimerie on paie aussi souvent à la pièce, de même que dans d'autres métiers où l'on peut évaluer d'une manière équitable les salaires dus pour un travail déterminé. Ce sont toutefois des exceptions. Il est d'ailleurs généralement admis que, en dehors de certains métiers spéciaux où l'ouvrier ne peut être payé qu'à la pièce, ce système est défavorable en ce sens que le travail pourra être moins soigné par suite de la précipitation que l'ouvrier mettra à finir sa besogne afin de toucher un salaire plus élevé. Une des raisons qui font que dans beaucoup d'industries et d'unions, l'ouvrier est opposé au travail à la pièce, c'est qu'il craint que le patron, en stipulant un certain salaire pour un travail déterminé, ne cherche à faire une économie sur la moyenne des salaires établie pour le jour ou la semaine de travail.

En terminant cet examen de la question des salaires, il faut noter qu'ils doivent être uniquement payés en monnaie courante du pays et qu'il est interdit par la loi de remettre à un ouvrier le montant de ses salaires dans un cabaret. Nous avons indiqué au début de ce travail (v. p. 6) par quelles lois il a été mis fin aux anciens abus qui existaient à cet égard[1].

En ce qui concerne un autre abus, celui qu'on désigne en Angleterre sous le nom de « Sweating system[2] » (travail à bas prix obtenu au moyen de sous-contrats), on ne peut que renvoyer au rapport adressé au « Board of Trade » par le correspondant du travail en 1887, relativement aux faits constatés dans l'est de Londres et à Leeds.

Le nombre des heures de travail des adultes varie suivant la branche d'industrie. Cependant l'on peut dire que, dans la plupart des principales industries, *54 heures par semaine* est devenu la règle générale. Non seulement la durée du travail de chaque jour a été réduite, mais presque tous les établissements rendent leurs ouvriers ou employés libres pendant la moitié du samedi. Dans les industries où le travail ne peut être interrompu pendant la journée du samedi, le patron accorde une compensation dans la soirée du mercredi et du jeudi. En outre, les magasins ferment leurs portes deux heures plus tôt, le soir, qu'ils ne le faisaient il y a peu d'années.

---

1. La plus récente de ces lois (celle de 1887) a été traduite dans l'*Annuaire de législation étrangère* (année 1888, p. 108 à 112).
2. V. ci-après, p. 132.

Comme il a été déjà dit, c'est grâce à l'action lente, prudente et persistante de ses « Trades Unions » que la classe ouvrière est arrivée, sans l'appui du Gouvernement et du . législateur, à la réduction des heures de travail, à 54 par semaine, ou en moyenne neuf heures par jour. Dans certaines industries, la moyenne est même descendue à 53 heures et 48 heures et demie. Quelques établissements ou manufactures ont adopté la journée de huit heures de travail. Dans les grandes mines du Durham et du Northumberland, les mineurs ne travaillent que six heures et demie à sept heures et demie. Les ouvriers gaziers ont également obtenu, depuis peu, de ne travailler que huit heures par jour.

Pour se rendre compte de la réduction des heures de travail qui a eu lieu depuis vingt ans dans l'industrie britannique, il suffira de jeter un coup d'œil sur les données statistiques que l'on trouvera ci-après et qui sont puisées dans le 3e rapport du correspondant du « Board of Trade », publié en 1889. Ce travail indique pour les associations ouvrières qui ont fourni leur compte rendu annuel, le taux des salaires qu'elles ont établi par heure, par jour ou par semaine ; la durée de la journée de travail, ou le nombre d'heures de travail par semaine. Or, comme on l'a vu (p. 72), ce sont principalement les « Trades Unions » qui fixent aujourd'hui les prix du marché du travail, c'est de leurs décisions que dépendent en grande partie la durée du travail et le taux des salaires.

NOMS DES « TRADES UNIONS ».	SALAIRE par heure.	SALAIRE moyen par semaine.	HEURES de travail par jour.	HEURES de travail par semaine.
Union des boulangers de Dublin.	"	47f50 à 48f75	14	"
Union des boulangers de Kilkenny	"	32 50 37 50	Rien de fixe. Une certaine quantité de pain doit être faite.	"
Union des ouvriers en brosserie.	"	Travail à la pièce.	"	"
Société des maçons	"	22 50 à 47 80	"	41 $^1/_2$ à 58
Société des maçons réunis de la Grande-Bretagne et d'Irlande.	"	37 75 45 " en été et de 33 75 à 41 25 en hiver.	"	48 $^1/_2$ à 57 en été, 43 $^1/_2$ à 53 en hiver.
Société des charpentiers et menuisiers réunis.	"	25 " à 53 10	"	48 $^1/_2$ à 61
Société de prévoyance des charpentiers et menuisiers. . . .	0f90	"	"	52 $^1/_2$
Société des peintres et décorateurs réunis	0 60 à 0 80	"	"	48 a 56 $^1/_2$
Société des peintres en navires et habitations de Dublin . . .	"	37 50	"	60
Association nationale des plâtriers.	0 60 0 90	"	"	52 environ.
Union fraternelle des plâtriers de Belfast	37 50	. "	"	54
Société des plombiers réunis de Grande-Bretagne et d'Irlande.	"	31 25 à 47 50 en été et 31 25 a 45 " pour l'hiver.	"	49 $^1/_2$ à 56 $^1/_2$ en été.
Société des couvreurs réunis. .	"	41 25	"	52
Association des ciseleurs sur pierre.	1 25	"	"	47
Société des tailleurs de pierre .	"	50 " à 25 "	"	48 $^1/_2$ à 60
Association des cochers de fiacre d'Édimbourg.	"	25 "	"	90
Association des ébénistes. . . .	0 85 à 0 90	"	"	55
Union des ébénistes réunis. . .	"	30 " à 50 "	"	54 à 60
Alliance des vernisseurs	0 70	"	"	56
Société des tapissiers réunis . .	1 "	"	"	52
Société des ouvriers carrossiers.	"	31 25	"	56
Société des chantiers réunis de Glasgow	"	4 55 par jour.	"	Irréguliers.
Association mutuelle des ouvriers en cigares.	"	Travail à la pièce.	"	50
Société nationale des cordonniers.	"	Id.	"	"
Société des chapeliers réunis. .	"	31 25 à 43 75	"	55 à 66
Société des tailleurs réunis. . .	"	0 35 0 70	"	Rien de fixe.

NOMS DES « TRADES UNIONS ».	SALAIRE par heure.	SALAIRE moyen par semaine.	HEURES de travail par jour.	HEURES de travail par semaine.
Société nationale écossaise des tailleurs.	0ᶠ30 à 0ᶠ60	Travail à la pièce.	"	57
Association mutuelle des tailleurs	"	"	Pas de règle.	"
Sociétés des carrossiers du Roy^me-Uni [1]	"	30f " à 50f "	"	54 à 62
Association nationale des forgerons en voiture	"	37 50	"	54
Association des tonneliers. . . .	"	33 75	"	57
Association des forgerons. . . .	"	49 35	"	54
Société des serruriers	"	31 25	"	54
Société des ouvriers en chaudières et navires en fer :				
1° Ouvriers en fer d'angle .	"	42 50 à 55 "	"	
2° — en plaques de chaudières. .	"	42 50 50 "	"	
3° — en plaques de navires . . .	"	37 50 45 "	"	
4° — riveurs de chaudières. . . .	"	37 50 45 "	"	54
5° — riveurs de navires	"	35 " 40 "	"	
6° — calfateurs . . .	"	35 " 40 "	"	
Société des ouvriers de la cale.	"	30 " 38 75	"	
Société des ouvriers en robinets de cuivre.	0 90 environ ou travail à la pièce.	"	"	"
Société des mécaniciens réunis.	"	45 " 47 50	"	54
Société des ouvriers en machines à vapeur	"	45 " 47 50	"	54
Société des fondeurs de fer. . .	"	33 75	"	54
Mouleurs en fer (lingotiers). . .	0 70 à 0 80	"	"	54
Société des ouvriers des fabriques de bouteilles en verre du Nord de l'Angleterre [2] :				
1° Le finisseur.	"	31 25	"	"
2° Le paraisonnier.	"	27 50	"	"
3° L'assembleur	"	23 75	"	"
Association des ouvriers typographes	"	31 25 à 27 50	"	"

1. Salaires très variables suivant les localités et même les ateliers.

2. Ils reçoivent en outre 2 fr. 50 c. pour leur loyer et 15 quintaux de menu charbon toutes les trois semaines en hiver et toutes les quatre semaines le reste de l'année.

NOMS DES « TRADES UNIONS ».	SALAIRE par heure.	SALAIRE moyen par semaine.	HEURES de travail par jour.	HEURES de travail par semaine.
Association des mineurs du Northumberland.	5f à 8f15 par « shift » de 7 h. ¹/₂ de travail.	"	"	"
Lithographes	"	37f50 à 52f50	"	51 à 54
Association réunie des ouvriers employés aux machines . . .	"	25 à 30f suivant la localité et la machine qu'il faut manœuvrer.	"	54
Association des dessinateurs échantillonneurs	"	40 95	"	54
Société réunie des ouvriers machinistes et en outils.	"	31 25	"	54
Association mutuelle des ouvriers mécaniciens des mines du Durham	0 80, 1 15 et 1 25	"	"	"
Association nationale protectrice des ouvriers mécaniciens. . .	5 90 p. jour	"	"	58
Association protectrice mutuelle des mécaniciens de mines du West-Yorkshire	"	43 25	"	"
Société protectrice des fabricants de bouteilles en verre du Yorkshire.	"	37 50	"	49
Union des travailleurs ruraux du Kent et Sussex	"	16 25	"	58 à 60
Ligue du travail rural du Norfolk.	1 35 p. jour	"	10	"
Union des mineurs du Ayrshire en Écosse.	4 65 —	"	9 ¹/₂	"
Association des mineurs du Stirlingshire, des vallées de la Forth et de la Clyde (Écosse). . . .	4 35 —	"	8 ¹/₂	"
Association des mineurs du Durham		(Pas de détail.)		
Société des mineurs de Hindley.	5 90 p. jour	"	10	"
Association des mineurs réunis de West Bromwich, Oldbury, Tipton, Gornal, Coseley et Bradley	3 30 à 4 55 par jour	"	8	"
Association protectrice et mutuelle des mécaniciens, des mineurs du Northumberland. . .	4 35 p. jour	"	9	"
Sociétés des ouvriers fabricants de caisses d'emballage en bois et fer-blanc de Londres . . .	Le plus souvent, travail à la pièce.	47 50 pour le bois, 45f p. le fer-blanc.	"	56 ¹/₂
Société des relieurs de Londres.	"	40 " à 52 50	"	54
Société des compositeurs d'imprimerie de Londres.	"	45 "	"	54

NOMS DES « TRADES UNIONS ».	SALAIRE par heure.	SALAIRE moyen par semaine.	HEURES de travail par jour.	HEURES de travail par semaine.
Société des typographes d'Édimbourg.	A la pièce, 0f65 par 1,000 em.	37f50 à 50f "	"	54
Société des typographes de Grande-Bretagne et d'Irlande.	"	37 50 56 25	"	51 à 57
Société des imprimeurs réunis .	"	45 "	"	54
Société protectrice des imprimeurs et metteurs en page :				
1° L'ouvrier imprimeur. . .	"	35 "	"	"
2° L'ouvrière	"	13 75	"	52
3° L'apprenti	"	9 40	"	"
4° Le coupeur.	"	6 25	"	"
Société des employés réunis des chemins de fer		(Pas de détail.)		
Société des mécaniciens et chauffeurs de chemins de fer . . .				
Société des préposés aux signaux de chemins de fer.	"	33 75 à 30 "	"	56 à 72
Société des ouvriers en harnais et sellerie de Londres	"	35 " 38 75	"	56 1/2
Association fraternelle des marins et chauffeurs maritimes. . . .	"	35 ou 87 50 suivant que le marin fournit ses provisions ou qu'on les lui fournit.	"	Environ 84
Union des constructeurs de gabares de Londres.	"	50 "	"	56 1/2 à 58 1/2
Société des charpentiers de navires	0 65 à 0 75	31 25 à 48 40	"	48 en hiver, 54 en été.
Société des peintres de navires de Liverpool	"	38 85	"	53
Association provinciale des cardeurs et éplucheurs de coton de Oldham :				
1° Hommes	"	31 25	"	56 1/2
2° Femmes	"	22 25 à 24 40	"	"
3° Jeunes filles de 15 à 18 ans.	"	11 25	"	"
Association des ourdisseurs de Manchester	6 25 p. jour	"	9 1/2	"
Société des tisserands à la mécanique.	"	Travail à la pièce.	9 1/2	"
Union des ourdisseurs à la mécanique de Belfast.	"	Les salaires sont très variables.	"	50
Société des filateurs à la mécanique d'Irlande	"	4 25	9	"
Société des apprêteurs de la soie.	0 70	"	"	56 1/2

NOMS DES « TRADES UNIONS ».	SALAIRE par heure.	SALAIRE moyen par semaine.	HEURES de travail par jour.	HEURES de travail par semaine.
Société des passementiers de Leck	Travail à la piece.	21f 25 a 27f50 environ.	"	52
Société des teinturiers de Bradford (laines).	2f 50 à 5f40	"	9	"
Société des contremaîtres des filatures de Bradford (« Mill over-lookers »).	"	Très grande variation.	"	56 $^{1}/_{2}$
Société des gardiens d'entrepôts.	"	30f, 32f50 35 "	"	54 $^{1}/_{2}$
Association des tisserands à la mécanique du Yorkshire. . .	"	Travail à la piece, rien d'uniforme.	"	56 $^{1}/_{2}$ à 59
Société des charrons et forgerons.	"	32 50 à 52 50	"	54
Société des ouvriers zingueurs de Londres.	"	44 " 47 75	"	54
Société mutuelle des chauffeurs maritimes de Hull	"	32 50 à 33 75 ou 81 25 à 87 50 par mois.	"	"
Société des typographes réunis .	"	44 "	"	54

Bien que le nombre des « Trades Unions » adressant leur compte rendu annuel au « correspondant du travail » installé depuis cinq ans au ministère du commerce, augmente tous les ans depuis 1886 et surtout depuis 1887, il y a encore un très grand nombre de ces associations qui ne répondent pas à la demande d'informations qui leur est adressée. C'est ainsi que 143 associations ouvrières n'ont pas fait parvenir leur rapport pour 1888. Il est dès lors très difficile de se rendre compte des salaires et des heures de travail en usage dans un grand nombre d'associations de métiers.

Il y a depuis quelque temps, en Angleterre, un mouvement assez prononcé dans le sens de la journée de travail de huit heures.

A l'occasion du congrès des « Trades Unions » qui s'est réuni en 1889 à Dundee, environ 12,000 circulaires avaient été adressées sur cette question aux diverses associations ouvrières du Royaume-Uni. Trente-sept « Trades Unions » seulement, comptant ensemble 178,376 sociétaires, répondirent à cet appel. Sur ce nombre total d'ouvriers, 39,656 furent d'avis qu'il y avait lieu de fixer à huit heures la journée de travail, 67,390 votèrent contre l'adoption des huit heures. Sur la question de savoir s'il convenait de faire appel au Parlement dans le but d'obtenir la fixation par la loi des huit heures de travail, 28,511 ouvriers votèrent pour, tandis que 12,283 se prononcèrent pour la négative.

Le congrès de Dundee ne comptait que 210 délégués. Celui qui s'est tenu l'année dernière (1er-6 septembre 1890), à Liverpool, en a réuni 460, représentant 311 sociétés et 1,427,080 ouvriers. Dans cette assemblée, les nouvelles associations, en particulier les ouvriers des Docks, qui obéissent aux tendances les plus avancées, l'ont emporté sur les anciennes unions. Elles ont notamment réclamé le vote d'une loi conférant aux municipalités, ainsi qu'aux conseils de comté, le pouvoir d'établir des ateliers où les ouvriers pourraient toujours trouver du travail qui serait rétribué suivant le taux fixé par les « Trades Unions ». Le congrès a en outre adopté, à la majorité de 193 voix contre 165, une proposition aux termes de laquelle la durée de la journée de travail devrait être limitée à huit heures par une loi. Peu s'en est fallu d'ailleurs que la réunion, tout en se montrant favorable à la journée de huit heures, ne repoussât l'intervention du législateur en cette matière. Un amendement portant que la réduction de la journée de travail pourrait être obtenue par la seule action des « Trades Unions », et sans l'intervention de l'État, n'a été rejeté qu'à la majorité de huit voix (181 contre 173). Il faut ajouter que la composition du congrès de Liverpool a donné lieu à des réclamations auxquelles il a été fait droit par un vote déclarant qu'à l'avenir chaque association n'aurait qu'un délégué par mille membres. Cette mesure serait considérée comme devant permettre aux anciennes unions de participer aux prochains congrès dans des conditions d'égalité avec les nouvelles associations.

Pendant qu'un congrès ouvrier siégeait à Liverpool, les armateurs de Londres, représentant un capital de cent millions sterling environ (soit 2 milliards et demi de francs), se sont réunis de leur côté, en conférence, et ont posé les bases d'une fédération générale du commerce du Royaume-Uni dont le but serait de résister aux prétentions des associations les plus avancées.

Quoi qu'il en soit, la tendance actuelle paraît être de limiter la durée du travail à neuf heures et demie pendant cinq jours et à six heures et demie ou cinq heures et demie le samedi, c'est-à-dire à 54 ou 53 heures par semaine. On a vu, d'autre part, que dans un certain nombre de métiers (tailleurs, cordonniers, tapissiers et autres) le travail se faisant à la pièce est d'une durée indéterminée, mais ces métiers également réclament la détermination d'une journée de travail plus régulière et moins longue.

Quant aux femmes et aux jeunes filles, celles qui sont employées dans les fabriques de textiles (coton, laine, chanvre, soie et autres) travaillent en moyenne 54 heures par semaine : la loi ne permet pas, en ce qui les concerne, de dépasser ce nombre d'heures (voir ci-dessus, p. 74).

MINES ET MINEURS

Le premier acte du Parlement qui se soit spécialement occupé des ouvriers des mines date de 1842. C'est à lord **Ashley**, plus tard duc de Shaftesbury, que l'on est redevable de l'adoption des règlements relatifs à l'industrie minière et de la protection donnée aux mineurs. Grâce à son énergie et à son influence, il obtint tout d'abord la réunion d'une commission royale chargée de faire une enquête au sujet de l'emploi des enfants dans les mines. Cette enquête aboutit au vote de l'acte de 1842 (5 et 6 Victoria c. 99), qui interdisait l'emploi des femmes et des enfants dans l'intérieur des mines, réglait le travail des jeunes garçons et défendait le paiement des salaires dans les cabarets.

En 1850 un acte nouveau établit l'inspection des mines de charbon (13 et 14 Victoria c. 100). Les dispositions de cette loi furent amendées et étendues en 1860 et en 1862.

Dans l'intervalle, les mineurs, spécialement ceux des mines de charbon, s'étaient formés en associations puissantes. Leurs efforts réunis et bien dirigés par le premier président de leur union, M. Alexander Macdonald, ancien ouvrier mineur et plus tard membre du Parlement pour le comté de Stafford, amenèrent l'adoption de nouvelles mesures législatives. En 1872, la législation fut refondue et amendée par l'acte 35 et 36 Victoria c. 76, qui régit l'emploi des femmes, des enfants et des jeunes gens dans les mines, le paiement des salaires, les pouvoirs conférés aux inspecteurs et les mesures à adopter pour sauvegarder l'existence de ceux qui travaillent dans les mines [1]. Il y est prescrit qu'aucun garçon au-dessous de dix ans, et qu'aucune femme ou fille, quel que soit leur âge, ne pourront travailler dans une mine au-dessous de la surface du sol ; de plus, les garçons âgés de dix à douze ans sont autorisés à travailler seulement dans les mines où leur emploi est nécessité par suite de l'épaisseur des couches, et encore faut-il une autorisation spéciale du sous-secrétaire d'État et une fixation limitée des heures de travail ; les garçons de douze à treize ans et les jeunes gens au-dessous de seize ans ne peuvent travailler plus de 54 heures par semaine.

En ce qui concerne le travail à la surface, les heures de repas et d'école, la loi de 1872 contient des dispositions analogues à celles de la loi sur les ateliers et manufactures (voir ci-dessus, p. 73). Aux termes de la même loi, le corps des inspecteurs des mines se compose de 12 inspecteurs principaux et de 12 sous-inspecteurs pour l'Angleterre et l'Écosse. Ces fonctionnaires ont reçu pour mission de contrôler l'exécution de la loi en ce qui concerne toutes les mesures de précaution à prendre pour mettre les ouvriers à l'abri des accidents qui peuvent si facilement se produire, surtout dans les mines dont la profondeur augmente tous les jours.

Relativement aux mines métalliques, le « Metalliferous mines Regulation Act » de 1872 (35 et 36 Victoria c. 77), modifié sur quelques points en 1875 et 1886 (38 et 39 Victoria c. 39 ; 49 et 50 Victoria c. 40), est venu compléter la législation de 1842. Les dispositions de cet acte sont plus strictes en ce qui concerne les garçons, qui ne peuvent être employés dans les mines qu'après l'âge de 12 ans accomplis.

La législation a été en dernier lieu refondue [2] par une loi générale de 1887 (50 et 51 Victoria c. 58) aujourd'hui en vigueur dans toute la Grande-Bretagne, sauf dans le Cornwall et le Devonshire qui sont régis par un acte spécial, le « Stan-

----

1. Voir la traduction de cette loi dans l'*Annuaire de législation étrangère,* année 1873, p. 32 à 40.

2. Voir *idem,* année 1888, p. 21.

naries Act » (acte concernant les mines d'étain) 50 et 51 Victoria c. 43.

Les mineurs sont actuellement représentés dans le Parlement par quatre d'entre eux.

Nous ne pouvons que nous référer aux chapitres précédents en ce qui concerne les unions des mineurs (p. 46), leurs salaires (p. 97 et 100), le nombre de leurs heures de travail (*id.*) et la statistique des accidents qui se sont produits dans les mines pendant les dernières années (p. 24).

Il résulte du rapport des inspecteurs des mines pour 1889, que le nombre total des ouvriers travaillant dans toutes les mines du Royaume-Uni de Grande-Bretagne et d'Irlande s'élevait à 625,229 en 1889, dont 5,777 femmes employées à la surface.

En 1889 le nombre d'ouvriers employés dans les mines de charbon a été de 563,735, dont 4,027 femmes travaillant à la surface. Pendant la même période le nombre des travailleurs dans les mines métallifères a été de 43,420, dont 1,436 femmes employées à la surface.

Le même rapport contient des renseignements détaillés sur les accidents survenus dans les mines, et il constate d'autre part, que le produit des différentes mines s'est élevé en 1889 à 189,633,656 tonnes, dont 176,906,724 tonnes de charbon et 8,270,542 tonnes de minerai de fer.

COUT DE LA PRODUCTION

PRIX DES SUBSISTANCES

Le coût de la production, malgré le taux plus élevé des salaires et la durée plus courte du travail, est moindre en Angleterre que dans n'importe quel autre pays industriel ; il paraît y être généralement admis que ce résultat est dû en grande partie à la réunion des conditions suivantes :

1° Qualité excellente de l'outillage et emploi de procédés économiques dans les branches principales de l'industrie ;

2° Habileté de l'ouvrier, résultant d'une longue pratique et de la bonne direction donnée dans les ateliers ;

3° Surveillance du travail par des gérants et contremaîtres réellement compétents ;

4° Énergie persistante des ouvriers dans toutes les branches du travail.

Quant au coût de l'existence, il est, en somme, moindre aujourd'hui qu'autrefois. Le pain, le thé, le sucre et bien d'autres denrées sont à meilleur marché.

Il en est de même de l'habillement, de l'ameublement et des ustensiles domestiques. La viande, toutefois, est plus chère et les ouvriers en mangent beaucoup plus que par le passé. Le prix des loyers est également plus élevé, surtout dans les villes, mais les salaires ont aussi augmenté.

Le prix des denrées alimentaires varie beaucoup suivant les localités. A Londres cette différence existe suivant les quartiers, par exemple entre l'Est et l'Ouest de la capitale. Dans presque tous les districts il y a des marchés dits « rude people's markets » (marchés des pauvres), où les prix de vente sont d'un tiers moins élevés que dans les magasins de comestibles. Il est interdit de vendre des denrées de mauvaise qualité, surtout la viande et le poisson qui se gâtent très promptement. La falsification des denrées alimentaires ainsi que la pratique du faux poids sont punies très sévèrement.

Le prix des denrées alimentaires peut être évalué comme il suit :

	PRX le plus élevé.	PRIX le plus bas.	PRIX MOYEN.
Viande	0ᶠ 80 à 1ᶠ la livre [1]	0ᶠ 40 la livre	0ᶠ 60 à 0ᶠ 80 la livre
Pommes de terre.	"	"	0 05 à 0 10 —
Jambon.	0 85 à 1ᶠ 25 la livre	0ᶠ 50 à 0ᶠ 60 la livre	0 70 à 0 80 —
Œufs.	"	"	0 08 à 0 10 la pièce
Fromage	0 90 à 1 " —	0 50 à 0 60 —	0 70 à 0 80 la livre
Lait	"	"	0 40 le quart [2]
Café	"	"	1 25 à 1 40 la livre
Sucre.	"	"	0 10 à 0 30 —
Thé	"	"	1 25 à 2 50 —
Beurre	"	"	0 80 à 1 " —
Bière.	"	"	0 40 le quart

1. La livre anglaise est de 453 grammes environ.
2. Le quart vaut 1 litre 135 centil.

HABITATIONS OUVRIÈRES

La législation concernant les habitations des ouvriers a commencé, en 1851, par un acte parlementaire relatif au « well ordering of houses » (bonne tenue des maisons), suivi la même année du « Labouring classes lodging houses act » (loi sur les logements des classes ouvrières). La première de ces lois fut amendée en 1853, la seconde en 1855 par le « Labourers dwelling act ». Ces actes concernaient les habitations les plus pauvres. D'autres furent votés en 1860, 1864, 1866, 1867, 1868, 1874, 1875, 1879, 1880, 1882, 1885.

Toute cette législation[1] a eu pour objet de mettre obstacle à l'encombrement des maisons occupées par la classe ouvrière et d'en améliorer les conditions sanitaires. Il faut dire à regret que le but n'a pas été atteint ; quelques progrès ont été réalisés en ce qui concerne l'écoulement des eaux, mais il reste encore beaucoup à faire dans les logements des villes et dans ceux des campagnes.

L'ouvrier anglais, dans les grands centres, notamment à Londres, se loge suivant ses ressources, de trois manières différentes :

---

1. Les lois de 1874, 1875, 1879 et 1880 ont été analysées dans l'*Annuaire de législation étrangère* (année 1875, p. 7 ; année 1876, p. 14 ; année 1880, p. 3 ; année 1881, p. 11), celles de 1882 et de 1885 ont été traduites la première dans l'*Annuaire* de 1883 (p. 257 à 261), la seconde dans l'*Annuaire* de 1886 (p. 62 à 69). V. aussi l'*Annuaire* de 1876, pour les dispositions contenues dans la loi de 1875 relative à la santé publique (p. 26 à 105) et le *Bulletin de la Société de législation comparée* de juillet 1884, p. 606 à 627.

1° Le plus favorisé a une petite maison pour lui et sa famille dans un quartier ouvrier ; il peut se loger à une certaine distance du lieu de son travail, car il a des facilités de locomotion (omnibus à 0 fr. 10 c., trains que certaines compagnies mettent en circulation spécialement pour les ouvriers, à des prix très réduits).

2° La plupart des travailleurs prennent à la semaine, une ou deux chambres, dans une maison située à proximité du lieu de leur travail. Il existe en nombre très considérable des maisons subdivisées en logements distincts de une, deux chambres, que le propriétaire loue aux familles d'ouvriers (« Tenement house »). Dans les maisons de ce genre, l'encombrement est souvent très grand. On a vu, par exemple, 11 familles habiter 11 chambres dans une même maison, chaque chambre étant occupée par 7 personnes au moins. Ces sortes d'immeubles constituent un bon et sûr placement et il est des propriétaires qui en possèdent des centaines.

Dans certaines villes de provinces, l'encombrement des maisons est souvent moins grand, mais les habitations sont plus exiguës, malsaines et entassées les unes sur les autres.

3° Il existe bien des bâtiments de grande dimension, qui ont été construits dans le but de loger les ouvriers pauvres (« model Buildings ») ; par exemple les espèces de cités ouvrières dues à la générosité de M. Peabody ou d'autres ; les « model Buildings » construits par des compagnies comme celles de Northampton et de Westminster. Mais ce genre d'habitation ouvrière est une exception. On prétend, du reste, que ces maisons ont manqué le but des donateurs ou des compagnies ; le prix de la location est trop élevé pour qu'elles puissent être habitées par la classe vraiment pauvre ; si d'ailleurs l'ouvrier gagnant par exemple au plus 30 shillings par semaine (37 fr. 50 c.), se loge dans une maison Peabody, il ne pourra louer le plus souvent qu'une seule chambre, et alors on retombe dans l'encombrement et tous les maux qui en découlent. Au surplus, de même que tout Anglais préfère, quand il le peut, habiter seul avec sa famille une maison séparée, l'ouvrier préfère se loger dans une maison de petites dimensions, dût-il, comme il arrive souvent, n'y occuper que le sous-sol.

On comprend que dans ces conditions le rapport publié en 1885, à la suite d'une enquête sur les habitations ouvrières, n'ait pas eu à enregistrer de progrès réels. Peut-être obtiendra-t-on dans l'avenir de meilleurs résultats.

Une loi nouvelle, refondant et modifiant toute la législation antérieure a été votée l'année dernière. Voici quelques-unes des dispositions qu'elle renferme :

Toute autorité locale devra ordonner de temps à autre des inspections dans son district, pour s'assurer si quelque maison d'habitation se trouve dans un état dangereux, ou nuisible à la santé publique au point de la rendre impropre à l'habitation. Si, sur l'avis d'un fonctionnaire du service de la santé publique, une maison d'habitation paraît être dans ledit état, il sera du devoir de l'autorité locale de procéder contre le propriétaire ou le locataire, en vue de faire fermer cette maison (l'objet de l'ordre de fermeture est de défendre qu'il soit fait usage des locaux pour l'habitation).

Lorsqu'un ordre de fermeture aura été délivré, l'autorité locale pourra, dans le cas où elle jugera que la maison d'habitation n'a pas été rendue habitable et que le maintien de ce bâtiment en tout ou en partie est dangereux ou nuisible à la santé publique ou aux habitants des bâtiments environnants, prendre des dispositions à l'effet de faire ordonner, s'il y a lieu, la démolition dudit bâtiment.

Si, après que le propriétaire aura été appelé à présenter ses objections, l'autorité locale décide qu'il est pressant d'agir, à moins que le propriétaire ne commence immédiatement les travaux nécessaires pour rendre la maison habitable, elle ordonnera la démolition dudit bâtiment.

Si le propriétaire commence à exécuter lesdits travaux, l'autorité locale pourra fixer un temps raisonnable pour leur exécution et si ces travaux ne sont pas complétés dans le temps voulu ou les délais accordés par l'autorité locale ou le tribunal, l'autorité locale ordonnera la démolition du bâtiment.

Si, après enquête, il est démontré : ou bien 1° qu'afin d'accroître le rendement d'une maison d'habitation le nombre des locataires a été augmenté, contrairement à la loi, de manière à rendre l'habitation dangereuse ou nuisible pour la santé des habitants ; ou 2° que l'habitation est défectueuse au point de vue de la salubrité ou des réparations ; ou 3° que l'habitation est inhabitable et qu'il est impossible de la réparer de manière à la rendre habitable :

L'indemnité due sera allouée : *a*) dans le premier cas, sur la base du loyer qui aurait été obtenu si la maison eût été occupée conformément à la loi et seulement pour le nombre maximum de personnes admis comme étant celui que l'habitation peut contenir sans compromettre la santé des habitants ; *b*) dans le deuxième cas, sur la base de l'estimation de la valeur de la maison, déduction faite des dépenses nécessaires pour rendre ladite maison habitable ; *c*) dans le troisième cas, sur la base de la valeur du terrain et des matériaux de construction qui s'y trouvent.

Si le conseil du comté considère que l'on doit prendre des mesures en vue d'obtenir un ordre de fermeture contre une habitation ou que l'on doit donner un ordre de démolition pour un bâtiment ou partie de bâtiment, contre lequel un ordre de fermeture a été délivré, et si, après avis donné à l'autorité du district, cette autorité n'a pas poursuivi l'affaire comme elle aurait dû, le conseil prendra une décision à ce sujet et les pouvoirs donnés à l'autorité du district passeront au conseil du comté.

Sociétés de construction[1]

(« *Building societies* »)

Les sociétés de construction dérivent des sociétés de secours mutuels. Elles ont pris naissance, à la suite de l'acte 10

---

1. Voir *Annuaire de législation étrangère* (année 1875, p. 16 à 25) et *Bulletin de la Société de législation comparée*, mars 1891, p. 246 et 261.

George IV c. 56 et de l'acte 4 et 5 Guillaume IV c. 40, dont le but était d'encourager l'emploi de capitaux à la construction de maisons pour les « Friendly societies ». Mais le premier acte concernant spécialement les « Building societies » ne date que de 1836 (6 et 7 Guillaume IV c. 27). Il a été modifié par quatorze actes différents votés de 1836 à 1866. Toutes ces lois ont été consolidées et amendées en 1874 par l'acte 37 et 38 Victoria c. 42, qui a été lui-même modifié en 1875, sur deux points. Une loi de cette dernière année, concernant les droits de timbre, a en outre accordé aux sociétés de construction certaines exemptions.

Un nombre considérable de personnes ont acheté leur maison d'habitation d'après les principes établis par cette législation. Les membres des « Building societies » paient une contribution mensuelle; ils peuvent emprunter sur hypothèque prise sur leur maison, sauf remboursement par versements mensuels en 3, 15 ou 16 ans.

Les sociétés de construction sont tenues d'adresser chaque année un rapport au Parlement. Le nombre des sociétés de construction déposant leur rapport annuel était en 1887 de 2,197. Les garanties sur les actions, dépôts, etc., étaient à la même époque de £ 53,760,215 (1,344,005,375 fr.)

CAISSES D'ÉPARGNE PARTICULIÈRES

ET POSTALES. ASSURANCES

Ou reproche souvent aux Anglais d'être imprévoyants, on pense que l'ouvrier et l'employé ne savent pas économiser, qu'ils vivent au jour le jour sans souci du lendemain.

Cette opinion est pour le moins empreinte de beaucoup d'exagération. Il suffit, pour s'en convaincre, d'étudier les nombreuses institutions fondées en Angleterre dans le but de stimuler l'épargne populaire, la petite assurance et la distribution de secours aux malades et aux vieillards.

Nous avons déjà parlé des économies considérables, bien qu'indirectes, réalisées à l'aide des sociétés coopératives de consommation. Dans le présent chapitre, nous examinerons le fonctionnement des « Savings Banks » (banques-caisses d'épargne) et des assurances et annuités gouvernementales.

Ce sont les Anglais qui ont eu les premiers l'idée des caisses d'épargne, et c'est à l'initiative privée que l'on est redevable dans ce pays de ces institutions si utiles.

La première caisse d'épargne fut fondée en 1798, à Wendover (Buckinghamshire), par un pasteur protestant, Joseph Smith. Frappé du peu de prévoyance des habitants de son district, il eut recours, pour développer leur goût de l'économie, au moyen suivant. Confiez-moi, leur dit-il, sur votre salaire de la semaine les quelques deniers (pence) dont vous n'avez pas un besoin immédiat, je vous les rendrai quand vous le désirerez ; mais si, Noël venu, vous m'avez laissé en mains quelques économies, je vous promets de les augmenter de ma poche d'un bon tiers. Cette manière pratique d'exposer les choses eut un succès complet ; le pasteur fut bientôt dépositaire de sommes relativement importantes. Des imitateurs suivirent bientôt.

La deuxième caisse d'épargne fut organisée, près de Londres, par Mme Priscilla Wakefield. Fondée en 1799, cette caisse fut réorganisée en 1804 sur le principe du fidéi-commis (« Trustee principle »), par les soins de M. Eardly Wilmot, membre du Parlement. — De 1798 à 1817, un grand nombre de caisses d'épargne furent ouvertes en Angleterre.

Telle a été l'origine des caisses d'épargne particulières (« private » ou « Trustee savings banks »).

Dès les premières années du siècle, ces institutions avaient été jugées si utiles, qu'un membre du Parlement, M. Whitbread, proposa, en 1807, de faire servir l'administration des postes à la réception des dépôts. La proposition fut rejetée ; mais le mouvement d'opinion qui s'était manifesté en faveur des caisses d'épargne avait frappé l'attention du Parlement : le premier acte législatif relatif aux « Savings banks » fut voté en 1817 (57 George III c. 130); il réglementait ces institutions, sanctionnait leur existence et les plaçait pour ainsi dire sous la protection immédiate du Parlement dans l'intérêt même des classes ouvrières. On fixa un maximum de dépôts par personne, un minimum d'intérêts et un certain emploi des sommes versées.

La même année un acte semblable fut voté pour l'Irlande.

Plus de cent caisses constituées par des personnes influentes, dans un but de philanthropie, existaient déjà à cette époque ; les dépôts étaient évalués à 5,775,000 fr. Grâce à l'impulsion résultant de la loi nouvelle, ils atteignirent, quatre ans plus tard, le chiffre de 11,750,000 fr. ; en 1831 ils étaient de 375,000,000 fr. et en 1861 de 1,000,050,000 fr.

C'est à cette dernière date que fut reprise la proposition de M. Whitbread. Quelques faillites de caisses d'épargne s'étant produites, le Gouvernement songea à donner de plus grandes garanties au public déposant et à constituer la plupart des bureaux de poste en caisses d'épargne. M. Gladstone eut l'honneur d'introduire cette mesure (24 et 25 Victoria, c. 14 [1861]). Le Parlement français a voté une loi dans le même sens le 9 avril 1881.

Il ne faudrait pas croire, cependant, que les caisses d'épargne particulières aient disparu devant la concurrence des bureaux de poste, ce serait peu connaître le caractère indépendant de l'Anglais. Un certain nombre de caisses particulières ont liquidé et transféré leurs dépôts aux caisses postales, mais celles qui ont résisté, et il y en un très grand nombre, ainsi que celles qui ont été formées depuis sur les mêmes bases, n'ont pas cessé de progresser.

De leur côté, les bureaux de poste, stimulant l'économie dans des milliers de localités jusque-là privées de toute institution d'épargne, ne tardèrent pas à attirer à eux un chiffre très considérable de dépôts, ce qui prouve surabondamment la grande utilité de cette mesure.

La loi qui régit actuellement les caisses d'épargne particulières (« Trustee savings banks ») est de 1863 (26 et 27 Victoria, c. 87); elle a été amendée en 1880.

Les obligations imposées aux « Savings banks » particulières sont les suivantes : 1° faire approuver leurs statuts et les modifications ultérieures qui peuvent y être apportées, par les commissaires préposés à la réduction de la dette nationale ; ces statuts sont transcrits sur un livre *ad hoc*, qui doit être tenu à la disposition de tout déposant; 2° envoyer chaque semaine aux commissaires de la dette un état des recettes, des paiements et des fonds en caisse ; 3° transférer tous les dépôts disponibles — à la Banque d'Angleterre pour les caisses d'épargne anglaises et écossaises et à la Banque d'Irlande pour les caisses d'épargne d'Irlande ; tous les versements doivent être d'au moins 1,250 fr. (£ 50) et être effectués au compte des commissaires de la dette, qui les emploient à l'achat de rentes, de bons du Trésor, ou de toute autre valeur garantie par acte du Parlement; 4° présenter, le 4 novembre de chaque année, un bilan général aux commissaires de la dette ; ce bilan doit, en outre, être affiché dans le local de la caisse d'épargne et vendu par elle, au prix de 10 centimes l'exemplaire, à toute personne en faisant la demande ; enfin 5°, fournir pour chacun des administrateurs, trésoriers et employés, préposés à la réception des dépôts, un cautionnement déterminé à titre de garantie. Aux termes de la même loi, les commissaires de la dette opèrent le règlement des comptes le 20 mai et le 20 novembre de chaque année.

L'intérêt servi par le Trésor aux caisses d'épargne est de 3 livres 5 shillings pour 100 livres, mais ces dernières sont autorisées à n'allouer à leurs déposants qu'un taux inférieur d'environ 4 shillings et 2 pence. Cette différence est affectée au paiement de leurs frais d'administration, et à la formation d'une réserve qui doit être versée, ainsi que les dépôts ordinaires, selon le cas, soit à la Banque d'Irlande, soit à la Banque d'Ang'eterre.

Une même personne ne peut se faire ouvrir de compte dans plus d'une caisse d'épargne à la fois. Le maximum de dépôt est de 750 fr. par an (£ 30). Lorsque la somme au crédit d'un déposant a atteint 3,750 fr. (£ 120), il ne lui est plus permis d'effectuer aucun versement ; les intérêts alloués sur ce montant cessent de plein droit dès qu'il a été porté à 5,000 fr. (£ 200).

Les femmes mariées et les enfants mineurs peuvent déposer aux caisses d'épargne, mais les premières ne peuvent effectuer aucun retrait de fonds s'il y a opposition écrite de la part du mari.

Les sociétés de bienfaisance, de secours mutuels ; les « Penny Banks » (banques destinées à encourager l'épargne chez les plus pauvres), sont autorisées à placer leurs fonds aux caisses d'épargne. Le montant de leurs versements n'est pas limité quand elles ont obtenu l'approbation des commissaires de la dette. Au cas contraire, les versements ne peuvent dépasser 2,500 fr. (£ 100) par an, et le total au crédit d'une de ces sociétés ne doit jamais être supérieur à 7,500 fr. (£ 300), intérêts non compris.

Les « Friendly Societies » sont autorisées à déposer aux caisses d'épargne pour des montants illimités.

Les retraits de fonds s'opèrent par traites des administrations des caisses sur les commissaires de la dette publique. Ces traites sont payables dans les 5 jours lorsque le montant est inférieur à 125,000 fr. (£ 5,000) et dans les 14 jours seulement lorsqu'il est supérieur. Aucune caisse d'épargne ne peut retirer plus de 250,000 fr. en un seul jour (£ 10,000).

Tous les documents nécessaires aux opérations des caisses d'épargne, tels que procurations, reçus, etc., sont exempts du timbre.

D'après le dernier rapport officiel, on comptait au 20 novembre 1888, dans le Royaume-Uni, 382 caisses d'épargne particulières, ayant un capital de £46,404,688 (1,160,117,200 fr.); elles avaient reçu pendant l'année, des versements pour une somme égale à £ 9,796,307, soit 244,907,675 fr. Le chiffre des retraits, pour cette même année, était de £ 11,910,579 (297,764,475 fr.) et les intérêts payés s'étaient élevés à la somme de £ 1,256,738 (31,418,450 fr.). Le taux moyen d'intérêt alloué avait été de £ 2.14.4 (67 fr. 40 c.) pour £ 100 (2,500 fr.). Les frais généraux, y compris les salaires des employés, s'étaient élevés à environ £ 150,420 (3,760,500 fr.). Le nombre des employés salariés était de 1,468.

Si les caisses d'épargne postales ont su attirer à elles une part considérable de l'épargne populaire, c'est grâce aux facilités nouvelles qu'elles ont apportées.

La loi qui les régit dispose que les dépôts des particuliers ou des sociétés ne pourront dépasser le maximum fixé par la loi sur les caisses d'épargne particulières, c'est-à-dire £ 30 (750 fr.). L'intérêt est fixé à 2 1/2 p. 100 l'an, mais il n'est alloué que si la somme au crédit du compte dépasse 25 fr. La somme totale pouvant rester en dépôt au crédit d'une même personne ne doit pas être supérieure à £ 100 (2,500 fr.), y compris les intérêts acquis.

Aucun versement à une caisse postale ne doit être inférieur à 1 fr. 25 c. (1 shilling); mais ceux qui désirent épargner sou par sou peuvent, depuis quelques années, se faire délivrer gratis des *cartes d'épargne* divisées en 12 cases dans lesquelles ils apposent, au fur et à mesure qu'ils le peuvent, des timbres de 10 centimes (1 penny). Lorsque les 12 cases sont remplies, la carte est rendue à la caisse postale qui la reçoit au crédit du déposant pour un shilling (1 fr. 25 c.).

Cet ingénieux système fonctionne depuis le mois de septembre 1880. Il a donné les meilleurs résultats et a converti à l'économie un grand nombres de jeunes gens et d'enfants. Dès 1881, 1,553,920 de ces cartes d'épargne représentant 1,942,400 fr., furent déposées dans les différents bureaux de poste. Depuis cette époque, le nombre de ces cartes a augmenté d'une manière sensible.

Tout déposant à une caisse postale doit signer une déclaration constatant qu'il n'a de compte ouvert à aucune autre caisse d'épargne *particulière* ou *postale*.

Les initiales de l'employé des postes, apposées sur le livret en regard de la somme versée, servent de reçu provisoire ; un accusé de réception régulier est ensuite expédié par l'administration centrale des postes. Le carnet de dépôt est donné gratis et la franchise postale accordée aux déposants pour leur correspondance avec l'administration. Deux personnes peuvent se faire délivrer un carnet en leur nom collectif.

Les versements effectués au profit des enfants ne peuvent être retirés qu'autant que ces enfants ont atteint l'âge de 7 ans. En cas de mort d'un enfant au-dessous de cet âge, le dépôt est restitué aux ayants droit, après un mois de préavis.

Le solde d'un déposant peut toujours, sur sa simple demande et sans frais, être transféré d'un bureau de poste à un autre dans la même ville ou d'une localité à une autre. De même, tous les dépôts sont reçus indistinctement par tous les bureaux de poste de l'Angleterre, pour être placés sans frais au crédit du bureau particulier où est tenu le compte du déposant. Pour les retraits de fonds, des formules spéciales doivent être remplies. Elles sont ensuite expédiées à l'administration centrale, qui donne, dans les trois jours, l'ordre d'effectuer les paiements réclamés.

Les bureaux de poste désignés pour la réception des dépôts restent ouverts toute la soirée deux jours par semaine, afin que les ouvriers et les employés n'aient pas à se déranger de leur travail pour faire leurs versements. Quand les chefs d'ateliers en font la demande, les directeurs de bureaux de poste sont autorisés à envoyer des collecteurs dans les usines les jours de paie, ou à recevoir de toute personne connue les sommes déposées par des tiers auxquels il est ouvert des comptes, sans même qu'ils se soient présentés.

D'après un acte du Parlement voté en 1880, et qui s'applique aussi bien aux caisses d'épargne *postales* qu'aux caisses d'épargne *particulières*, tout titulaire d'un compte peut, moyennant un léger courtage, effectuer par l'intermédiaire de l'administration le placement de tout ou partie de ses dépôts en rentes sur l'État. La valeur d'un titre de rente ainsi acheté ne doit pas être inférieure à 250 fr. (£ 10). Il est délivré au déposant un certificat constatant l'achat, et les arrérages sont régulièrement portés, lors des échéances, au crédit de son compte à la caisse d'épargne. Les achats de titres ne peuvent s'élever, pour une même personne, à plus de 2,500 fr. (£ 100) en une même année. Lorsque les dépôts effectués à la caisse d'épargne le sont en vue d'un achat immédiat de rentes, ils peuvent s'élever à 2,500 fr. et le titre acheté n'est pas compris dans le chiffre légal des dépôts. Le titulaire d'un compte peut toujours, à l'exception des enfants au-dessous de sept ans, se faire livrer les titres achetés par lui, mais seulement par coupure de 1,250, 2,500 et 5,000 fr. (£ 50, 100 et 200) en capital. L'État en effet n'émet pas de coupures d'un montant inférieur à 1,250 fr.

D'après les derniers rapports statistiques, le capital dans les caisses des « Postal Savings Banks », au 31 décembre 1888, non compris les sommes placées en rente sur l'État, et celles payées pour assurances, s'élevait au chiffre de £ 58,556,394, soit 1,462,909,850 fr. Les caisses postales ont surtout attiré à elles la petite épargne, aux besoins de laquelle elles sont tout spécialement adaptées.

En dehors des deux grandes catégories de caisses d'épargne dont il vient d'être question, il est bon de signaler encore en Angleterre les « Navy and Military Savings Banks » (caisses d'épargne de l'armée et de la marine) ; les « Railway Savings Banks » (chemins de fer), réglementées d'une manière spéciale.

Le chiffre des dépôts pour les armées de terre et de mer était, au 31 mars 1881, de 9,695,500 fr. ; pour les compagnies de chemins de fer, il était, en 1876, de 3,837,800 fr. Grâce à leurs caisses spéciales, les ouvriers et employés des chemins de fer peuvent effectuer des dépôts sans avoir à se déplacer. Le jour de la paie, il leur suffit même de déclarer que telle ou telle somme doit être retenue sur leur salaire. Ces institutions ont eu un assez rapide développement. Mais elles n'offrent pas les mêmes garanties que les caisses d'épargne ordinaires. Les dépôts sont en effet placés entre les mains des compagnies elles-mêmes et ne constituent pas toujours une dette privilégiée, bien qu'appartenant aux employés ou à leurs familles.

Les caisses d'épargne se sont plus développées dans les districts agricoles que dans les districts manufacturiers, où les salaires sont cependant plus élevés. Ceci s'explique par la présence, dans les centres ouvriers, de nombreuses sociétés coopératives qui absorbent, sous une forme différente, une très grande partie des économies populaires. Ainsi le Yorkshire, qui est à la tête du mouvement coopératif, ne compte que 9 déposants aux caisses d'épargne sur 100 habitants ; le Lancashire, 11 sur 100 ; le Durham, 9 sur 100. Dans les comtés agricoles du Berkshire, de Cambridge, de Devon et de Hereford, au contraire, la proportion est respectivement de 19, 13, 19 et 17 sur 100 habitants.

En Écosse, où les actions des banques constituent un des aliments de l'épargne, comme en France les obligations des villes et les petites coupures de rente française, il n'y a que 10 déposants aux caisses d'epargne sur 100 habitants. L'Irlande tient le dernier rang dans la statistique des caisses d'épargne du Royaume-Uni. On n'y compte que 3 déposants sur 100 habitants.

L'esprit de prévoyance ne se mesure pas seulement à la somme des épargnes accumulées ; il se manifeste encore par d'autres moyens, au nombre desquels l'assurance, sous des formes variées, joue l'un des rôles les plus importants.

Annuités gouvernementales.

Après avoir parlé des institutions d'épargne placées, en Angleterre, sous le contrôle direct de l'État, il convient de dire quelques mots du rôle du gouvernement anglais comme assureur.

Dès 1864 l'Angleterre ouvrait la voie par la création d'une caisse d'assurance pour les petites bourses. L'acte du Parlement passé à cet effet, et qui chargeait l'administration des postes du service de la caisse d'assurance, l'autorisait aussi à accorder des annuités « immédiates » ou « différées » contre paiement de certaines sommes déterminées.

La somme que l'on peut assurer en cas de décès au « Post office », aux termes de l'acte complémentaire de 1882, depuis l'âge de 14 ans jusqu'à 65 ans, varie entre 125 fr. (£ 5) et 2,500 fr. (£ 100). On peut également assurer un enfant de 8 à 14 ans pour une somme ne dépassant pas 125 fr. Voici un aperçu de la quotité des primes à payer selon les cas :

Une personne de 30 ans assure à sa mort le chiffre maximum de 2,500 fr.

Moyennant une prime unique de.	1,079ᶠ47
ou une prime annuelle de.	58 22
— trimestrielle de	16 25
— mensuelle de	5 41
— bimensuelle de	2 70

Si le paiement des primes devait cesser à l'âge de 60 ans, elles seraient de :

Prime annuelle.	67ᶠ29
— trimestrielle	18 75
— mensuelle	6 25
— bimensuelle	3 12

Pour les assurances au-dessous de 2,500 fr., les conditions sont les mêmes quant à l'échelonnement des primes, mais aucun versement ne peut être moindre de 2 fr. 50 c. (2 shillings).

Le montant de l'assurance peut toujours être augmenté jusqu'à ce qu'il ait atteint le chiffre maximum. Après cinq ans de paiements réguliers, le tiers au moins des primes est restitué à la personne qui ne désire pas maintenir son assurance.

Quant aux *annuités,* le maximum en est également fixé à 2,500 fr. pour toute personne âgée d'au moins dix ans. La somme à payer par le bénéficiaire dépend naturellement de son âge, de son sexe et de la combinaison adoptée. Par exemple, le prix d'achat d'une annuité immédiate de 250 fr. (£ 10), payable par moitié chaque semestre, sera de 2,250 fr. pour un homme de 65 ans et de 2,648 fr. 95 c. pour une femme de même âge. A 70 ans, le prix en serait respectivement de 1,857 fr. 25 c. et de 2,160 fr. 40 c.

Pour les annuités différées, la somme à verser varie selon l'âge, le sexe, le laps de temps pendant lequel elles sont différées, les conditions d'achat, le mode de paiement et suivant que la somme versée doit ou ne doit pas être restituée.

Si ces versements doivent rester acquis au Gouvernement, il suffit d'une prime unique de 604 fr. 15 c. ou d'une prime annuelle de 34 fr. 41 c. pour assurer à un homme de 30 ans une annuité différée de 250 fr., payable par semestre à partir de 60 ans. Une femme de même âge aurait à payer 810 fr. 41 c. en une prime unique, ou 46 fr. 87 c., prime annuelle. Un versement mensuel de 10 fr. jusqu'à 60 ans assure à cet âge, pour un homme de 30 ans, une rente mensuelle de 59 fr. 06 c. ; une femme ne recevrait que 54 fr. 72 c.

Quand il doit y avoir restitution des primes en cas de mort prématurée ou de discontinuation des paiements, les conditions sont proportionnellement plus élevées. Ainsi, pour un homme de 30 ans, l'annuité de 250 fr., payable à 60 ans, coûtera : 1,011 fr. 45 c. (prime unique) ou 51 fr. 14 c. (prime annuelle). Pour une femme la prime unique sera de

1,176 fr. 04 c. et la prime annuelle de 59 fr. 37 c. Enfin, une prime mensuelle de 10 fr.; s'il doit y avoir restitution, dans les cas précités, n'assurera plus pour un homme de 30 ans qu'une rente mensuelle de 42 fr. 70 c. à partir de sa soixantième année et pour la femme, qu'une rente mensuelle de 36 fr. 66 c.

Les annuités prises au nom des femmes mariées sont considérées, jusqu'à preuve du contraire, comme leur propriété exclusive, et le paiement en est effectué à elles-mêmes, contre leur propre reçu sans la participation du mari. Mais si ce dernier fait la preuve que l'annuité a été acquise à l'aide de ses propres fonds, sans son consentement, un jugement peut lui en attribuer la seule jouissance à l'exclusion de la femme.

Les assurances du « Post office » n'entraînent aucun autre déboursé que celui des primes. Pour les annuités il est perçu un droit de 1 fr. 25 c. (1 shilling) par livre sterling sur leur montant total.

Il n'est rien réclamé pour l'examen médical ni pour toute autre enquête qui pourrait être ordonnée sur le compte du contractant.

Tel est le système des assurances et des annuités pratiqué par l'administration des postes en Angleterre.

Voici les chiffres relevés au 26 juillet 1889 par le service de la dette nationale.

Total des annuités payées depuis leur création, moyennant primes :

	£	s.	d.	Fr.	c.
Vie entière. Annuités immédiates.	228,842	13	6	5,708,566	95
— — différées . .	17,077	14	»	426,942	50
Un certain nombre d'années. Annuités immédiates	4,568	14	6	11,468	10
Un certain nombre d'années. Annuités différées	225	»	»	5,625	»

Depuis l'origine, la progression, bien que minime, a été constante dans les opérations de constitution de rentes viagères. Si la classe ouvrière n'y a pas eu recours plus fréquemment encore, c'est parce qu'il existe en Angleterre un nombre considérable d'associations populaires, qui ont précisément en vue la petite assurance, telles que les « Burial societies »

(Sociétés pour les funérailles) dont nous avons déjà parlé [1] et les assurances industrielles dont il est question ci-après.

L'ouvrier, pour pratiquer l'économie, la prévoyance, doit être sollicité ; or, c'est ce que font les sociétés ouvrières. Elles ont un grand nombre de collecteurs qui vont à domicile ou d'usine en usine contracter les assurances et recevoir les primes qui, dans la majorité des cas, ne dépassent pas 10 centimes (1 penny) par semaine.

Pour les assurances du « Post office », au contraire, il faut remplir certaines formalités et avoir soin de verser régulièrement les primes. L'administration des postes a fait cependant des efforts dans le but de remédier à ce qu'il y avait de défectueux dans cette partie de son service. Depuis 1883, tous les bureaux de poste érigés en caisses d'épargne ont été chargés des opérations relatives aux assurances et aux annuités. Il est ouvert à chacun des assurés ou rentiers viagers, dans la localité où il réside, un compte de dépôt au crédit duquel est porté le montant des assurances échues ou des rentes. De plus, l'administration des postes a fait imprimer au dos du carnet des caisses d'épargne les conditions auxquelles on peut contracter une assurance ou acheter des annuités, de manière à les faire mieux connaître du public.

Assurance industrielle.

Les compagnies d'assurances industrielles (« Industrial assurance ») sont celles qui garantissent le paiement d'une somme d'argent en cas d'accident survenu à un ouvrier pendant son travail et ayant occasionné une blessure ou bien la mort.

Ces compagnies doivent adresser un rapport annuel au ministère du commerce. Il résulte de la statistique dressée par ce département ministériel pour 1887 que les 14 compagnies faisant des assurances industrielles ont encaissé, à titre

---

1. V. ci-dessus, p. 26.

de prime, une somme s'élevant de £ 1,488,829 (37,220,725 fr.),
en 1878, à £ 4,181,852 (104,546,300 fr.) en 1887 ; les fonds
réservés à l'assurance sur la vie ont passé de £ 726,743
(18,168,575 fr.), en 1878, à £ 5,982,601 (149,565,025 fr.) en
1887 ; les sommes payées à la suite de sinistres, de £ 508,012
(12,700,300 fr.) ; à £ 1,664,281 (41,607,025 fr.) ; les com-
missions payées, de £ 480,373 (12,009,325 fr.) à £ 1,146,265
(28,656,625 fr.) ; les frais d'administration, de £ 282,460
(7,061,500 fr.) à £ 709,598 (17,739,950 fr.). Ces sommes ne
comprennent pas les intérêts et dividendes alloués aux actionnaires, ni les sommes transférées par une compagnie de la
section « industrielle » de ses assurances, dans la section
« assurances ordinaires ». Les trois quarts des assurances
contractées par les quatorze compagnies en existence, sont
faites par la compagnie « The Prudential ». Celle-ci, fondée
au capital de £ 10,000, a réalisé rapidement un chiffre de
primes s'élevant à £ 200,000, et en 1887 elle a déclaré un dividende de £ 389,000 (9,725,000 fr.). Les dépenses d'administration qui sont de 41.47 p. 100 des recettes en primes, en
ce qui concerne la « Prudential », sont de 90.32 p. 100 pour
la « Yorkshire provident ».

ÉCOLES ÉLÉMENTAIRES ET ÉCOLES

TECHNIQUES

Le premier crédit voté pour l'instruction élémentaire
en Angleterre, date de 1831, époque à laquelle £ 20,000
(500,000 fr.) furent appliquées à la construction de certaines
écoles. Cette somme fut maintenue annuellement au budget
jusqu'en 1839 et portée ensuite à £ 30,000 : en 1842 elle
était de £ 40,000 (un million de francs) ; en 1845, de £75,000 ;
en 1846, de £ 115,000 ; en 1851, de £ 150,000 (3,750,000 fr.).
Depuis 1851 la somme consacrée aux écoles ne fit qu'augmenter jusqu'en 1870. Cette dernière année le crédit voté pour
l'instruction s'éleva à £ 914,721, soit 22,865,925 fr.

En réalité, les dépenses de l'instruction élémentaire ne
sont supportées par le Trésor national que depuis 1870. Antérieurement, c'est par des dons publics et volontaires qu'il
y était pourvu.

Si l'on relève les chiffres des dépenses annuelles à la
charge de l'État et inscrites au budget de l'instruction pour
les années 1875, 1879, 1884 et 1889, on remarquera combien
les dépenses ont augmenté graduellement.

Le total pour 1875 a été de £ 1,566,271 (39,196,775 fr.) ;
en 1879, de £ 2,732,530 (68,313,250 fr.) ; en 1884, de
£ 3,403,405 (85,085,125 fr.) et en 1889 de £ 4,168,288
(104,207,200 fr.).

La loi de 1870 sur l'instruction élémentaire (« Elementary education act ») a établi des « School boards », conseil d'administration des écoles, dont les membres sont également payés sur le Trésor public [1].

Le conseil de l'instruction qui porte actuellement le nom de « Committee of council of education », a été institué en 1839. Ce comité ou conseil présente tous les ans un rapport sur l'état de l'instruction dans le Royaume-Uni.

Il résulte du compte rendu pour l'année 1888 qu'il existe dans le Royaume-Uni 23,326 écoles primaires soumises à l'inspection, et pouvant recevoir un nombre total de 6,043,851 enfants. En 1888, le nombre des enfants ayant suivi les leçons dans ces classes a été de 4,111,206 ; la même année, au moment de l'inspection, 4,790,305 étaient présents.

On reconnaît maintenant d'une manière presque générale, l'importance de l'instruction technique appliquée à toutes les branches de l'industrie. De sérieux efforts sont faits en vue de mettre cet enseignement en Angleterre au niveau des progrès réalisés à cet égard en France et dans d'autres États du continent. En Angleterre, c'est le musée de South Kensington, à Londres, qui a établi les premiers cours d'enseignement technique (1851), et des cours semblables ont été depuis lors organisés sous ses auspices dans la plupart des villes industrielles du Royaume-Uni. Le but de cet enseignement est de faire connaître les principes de la science, dans leurs rapports avec les arts et manufactures et de développer le goût des jeunes artisans en habituant leurs yeux et leurs mains au dessin industriel.

La « Société des arts » a élaboré un programme d'enseignement technique conjointement avec les cours du South Kensington museum. Tous les candidats aux examens institués par la Société devaient être des ouvriers, appartenant au

---

1. Voir dans l'*Annuaire de législation étrangère* de 1872, p. 26 à 47, la traduction de cette loi.

métier pour lequel ils demandaient à être examinés. Les résultats obtenus ont été médiocres.

Un mouvement très important s'est produit tout récemment en faveur de l'enseignement technique. Les grandes corporations de la cité, les « Guilds » de Londres qui pendant le cours des dix dernières années ont déjà donné des sommes considérables pour le développement de cet enseignement spécial, ont mis en avant le projet de construire une Université (« College ») technique.

En 1878 un comité s'est constitué pour fonder à Londres un institut destiné à l'enseignement technique, et veiller à l'organisation de semblables institutions dans les provinces. Un institut a en effet été créé à Londres : il est situé à South Kensington. La capitale possède en outre le collège technique de Finsbury où des cours sont également suivis avec succès, le « People's palace » et le « Polytechnic institution ». D'autres établissements polytechniques s'organisent dans plusieurs quartiers de Londres, et des collèges techniques vont s'ouvrir à Bradford, Leeds, Birmingham, Manchester, Nottingham, Huddlersfield, Sheffield, etc. A Leeds il y a le « Technical college » et à Manchester le « Masons college ».

L'acte du Parlement relatif à l'enseignement technique est de 1889 : le bill relatif à l'Écosse, de 1888. Cette législation autorise les municipalités, les autorités locales à affecter une partie du produit des taxes locales aux dépenses des établissements d'enseignement technique. Le Trésor public aura à supporter, de son côté, une part des dépenses. On estime que pour le développement de l'enseignement technique il faut à la fois l'intervention de l'État et l'initiative locale.

Il est généralement admis que l'enseignement technique ne doit être que le complément des connaissances pratiques que le jeune ouvrier acquiert dans l'atelier. Grâce à l'enseignement élémentaire[1], les enfants de la classe ouvrière sont

---

1. Voir ci-dessus, p. 77.

aujourd'hui plus aptes à recevoir l'enseignement technique. Il résultera de cette instruction générale que l'apprentissage dont la nécessité est reconnue en Angleterre par les ouvriers, sera d'une durée plus courte. Un enfant intelligent et laborieux entrant à l'atelier à quatorze ans, pourra avoir acquis à l'âge de dix-huit ans, ce qu'il ne possédait autrefois qu'à l'âge de vingt et un ans ; les sept années jadis fixées pour l'apprentissage pourront donc être réduites à trois, quatre ou cinq ans suivant le métier.

PROJETS A L'ÉTUDE[1]

On s'occupe actuellement d'étendre l'application des lois concernant les fabriques et ateliers, en vue notamment de faire disparaître les abus connus sous le nom de « Sweating system » (ressuage), qui sont très fréquents dans les travaux faits à domicile, surtout dans les quartiers de l'Est de Londres et à Leeds. Le « Sweating system » est celui qui est appliqué par les sous-entrepreneurs aux travaux qu'ils font faire chez eux ou dans un petit atelier par d'autres ouvriers, à très bas prix. Certains de ces « Sweaters » emploient un ou deux ouvriers, d'autres dix, vingt, quelquefois même une centaine. C'est surtout dans le métier de tailleur que l'on rencontre le « ressuage ». On estime que les Juifs immigrés de Russie et d'Allemagne, qui sont employés comme tailleurs d'après le « Sweating System » dans l'Est de Londres, sont au nombre de 18 à 20,000. Ces ouvriers mènent une existence misérable, car le prix déjà réduit que reçoit le sous-entrepreneur, diminue encore en passant par d'autres mains, et l'ouvrier qui fait réellement le travail ne touche finalement qu'un salaire dérisoire.

Il est question d'autre part de modifier l'acte de 1880 sur

---

1. Pendant que le présent rapport était à l'impression, le Gouvernement a institué une commission, dite « du travail », qu'il a chargée d'étudier la question des rapports entre patrons et ouvriers. Cette commission s'est réunie pour la première fois le 22 avril 1891.

la responsabilité des patrons (voir ci-dessus, p. 86), afin de rendre inefficace tout contrat passé entre patron et ouvrier dans le but d'éluder les dispositions de cette loi.

Le Parlement doit, en outre, être saisi par les représentants ouvriers d'un bill tendant à réduire à huit heures la durée de la journée de travail (voir ci-dessus, p. 103).

RÉSUMÉ

En résumé, les avantages dont jouit actuellement l'ouvrier anglais sont les suivants :

Il a de bons salaires ; sa journée de travail, est en général, moins longue que celle des ouvriers du continent, et il n'est occupé que pendant la moitié de la journée du samedi.

Chaque métier a son association forte et souvent bien dirigée, qui défend avec prudence ses intérêts, sans se mêler, jusqu'à présent du moins, aux questions politiques. Ces « Trades Unions », en dehors des questions relatives au travail et aux salaires dont elles s'occupent spécialement, offrent à l'ouvrier les avantages de l'association mutuelle.

Les « Friendly Societies » dont nous avons examiné le remarquable fonctionnement, fournissent à l'ouvrier anglais d'importantes sécurités, moyennant une assez modique contribution. Grâce à ces sociétés, nées de l'initiative privée, il peut assurer sa vie et celle des siens, il est secouru en cas d'accidents, de maladie, ou quand il est sans travail ; il reçoit une pension pendant sa vieillesse.

Enfin, les sociétés coopératives donnent à l'ouvrier le moyen de se nourrir et de se vêtir à des prix relativement bas, et de nombreuses institutions lui facilitent l'épargne.

Léo CAUBET.

TABLE DES MATIÈRES

Nancy, imprimerie Berger-Levrault et Cⁱᵉ.

9 782016 171783